AF186286

Wir halten uns zum Besten

Wir halten uns zum Besten

Büttenpredigten & Bibelreime

benno

Bibliografische Information der Deutschen Nationalbibliothek
Die Deutsche Nationalbibliothek verzeichnet diese Publikation
in der Deutschen Nationalbibliografie; detaillierte bibliografische Infor-
mationen sind im Internet über http://dnb.d-nb.de abrufbar.

Besuchen Sie uns im Internet:
www.st-benno.de

Gern informieren wir Sie unverbindlich und aktuell auch in
unserem Newsletter zum Verlagsprogramm, zu Neuerscheinungen
und Aktionen. Einfach anmelden unter www.st-benno.de.

ISBN 978-3-7462-5697-9

© St. Benno Verlag GmbH, Leipzig
Zusammenstellung: Volker Bauch, Gößnitz
Umschlaggestaltung: Ulrike Vetter, Leipzig
Umschlagillustration: © Thomas Plassmann
Gesamtherstellung: Kontext, Dresden (A)

INHALT

BÜTTENPREDIGTEN

Grüß Gott, ihr Schwestern und ihr Brüder,
der Fasching kam auf uns hernieder!

Claus-Peter März

WOVON DAS HERZ ÜBERFLIESST, DAVON SPRICHT DER MUND
(Lk 6,39-45)

Liebe Messbesucher, Große und Kleine,
mit »liebe Schwestern und Brüder« ich alle meine.
Ich grüße euch in diesem Kirchenbau
heute an Karneval einfach mit »Helau«!
Ich will euch heute gar nicht leimen,
ich predige an Karneval nur gerne in Reimen.
Karneval und Fasching ist hier ein großes Ding,
mit Büttenabenden und dem Zug um den Ring.

Doch bevor später manche draußen munkeln:
»Der Pastor will, dass wir in der Kirche schunkeln!«
Mir geht's nicht um Show, will euch nicht betören,
nur anders und aufmerksam sollt ihr zuhören.
Vielleicht auch mal lachen oder nur schmunzeln,
das hilft gegen Falten und tiefe Runzeln.

1. Die Botschaft des Evangeliums

So blicken wir, wie sich's für 'ne Predigt gehört,
auf das, was uns das Evangelium heut lehrt.
Der Schreiber Lukas hat zusammengestellt,
was Jesus beim Zusammenleben für wichtig hält:
Nicht nur die Fehler der andren sehen und nur die eigenen Stärken,
sondern auch den Balken im eigenen Auge bemerken.
Kämpft gegen Heuchelei und Scheinheiligkeit,
das ist fast schon ein Vorsatz für die Fastenzeit.
Das, was aktuell für die Gesamtkirche 'ne Aufgabe ist,
gilt genauso für jeden einzelnen Christ.

Jesus will, dass unsere Reden gut und hilfreich seien,
ohne Getratsch, Lügen und Schummeleien.
Prüfe dich vorm Reden eine kleine Weile,
denn Worte können verletzen wie scharfe Pfeile.
Drum merke, wovon das Herze ist erfüllt,
davon der Mund dann überquillt.
Solln deine Worte also gute Worte sein,
dann halte schlicht dein Herze rein.

2. In der Familie

Worte, die wir hören, das ist so belegt,
zeigen, was den Menschen im Innern bewegt.
So sei als Beispiel eine Familie genommen,
wo die Erbtante einst zu Besuch gekommen.
Da sitzt sie im Wohnzimmer bequem im großen Sessel,
während die Eltern Teewasser bereiten mit dem Kessel.
Das Kind kommt aus der Küche, zunächst noch ganz stumm,
beguckt sich die Tante und druckst etwas rum:
»Du, Tantchen, ich möchte einfach mal was sehen,
kannst du bitte mal für mich aus dem Sessel aufstehen?«
Die Tante ist überrascht, aber nimmt's gar nicht krumm,
sie steht einfach auf, aber fragt dann: »Warum?«
»Tja«, sagt der Kleine, »die Neugier hat mich gequält,
denn Papa sagte in der Küche, du sitzt auf deinem Geld.«

Welche Werte sich im Herzen von Familien befinden,
können auch Religionslehrer oft in der Schule ergründen.
In einer Schule – ich verrat den Namen nicht –
ein Lehrer mit den Schülern über das Beten spricht.
Er fragt in einer Stunde ganz eifrig und beflissen,
ob die Kinder zu Haus vorm Essen beten müssen.

»Das haben wir nicht nötig«, erklärt da der Jochen,
»wir brauchen nicht beten, denn Mama kann kochen!«
Drum merke, wovon das Herze ist erfüllt,
davon der Mund dann überquillt.
Solln deine Worte also gute Worte sein,
dann halte schlicht dein Herze rein.

3. Gerüchte und Mobbing

Was geht in den Herzen vor, so komm ich ins Grübeln,
wenn ich von Gerüchten hör, lustigen und üblen.
Man sorgte sich um unsere Finanzen, wir müssen ja sparen,
und wie man die Pfarrei vor der Pleite kann bewahren.
Doch ging ernsthaft das Gerücht um, und das hat mich geschafft,
es würden jetzt die Blumen beim Altarschmuck abgeschafft.
Und andere von hier, stellt euch das mal vor,
sorgten sich um meine Haarpracht als neuer Pastor.
Ob die wohl echt wäre oder ob ich als Krücke
meine Locken nur hätte durch ’ne Perücke.
Die Haare sind fest, so tut es mich freuen.
Und ich erkläre, um weitere Gerüchte zu zerstreuen:
Auch die Locken sind ganz ohne Lockenwickler gelegt,
und sogar die kahlen Stellen sind 100 %ig echt.

Viel schlimmer sind virtuelle Gerüchte im weltweiten Netz,
denn manche Zeitgenossen meinen: Da gilt kein Gesetz!
Man verschickt peinliche Fotos von andern, anstatt sie zu loben,
man verbreitet Gerüchte, schnell beginnt dann das Mobben.
Leichtfertig oder bewusst werden soziale Medien benutzt
und das Ansehen anderer Leute beschmutzt.

So mancher nutzt das Internet heimlich und anonym,
nur um über andere herzuziehn.

Ohne dass man unterscheibt und den eigenen Namen angibt,
werden Hass und Häme auf andere gekippt.
»Shitstorm« nennt man das englisch, so ich das weiß,
und das bedeutet übersetzt deutsch »Sturm aus Sch...«
Ich sag es hier deutlich, dass es für jeden ganz klar ist:
So was ist feige und gehört sich nicht als Christ.
Drum merke, wovon das Herze ist erfüllt,
davon der Mund dann überquillt.
Solln deine Worte also gute Worte sein,
dann halte schlicht dein Herze rein.

4. In der Politik

Was geht im Herzen vor, so frag ich hier,
von diesem Präsidenten, dem Trumpeltier.
Da kommen Worte und Gedanken hoch ganz bitter,
wenn er Nachrichten verschickt bei Twitter.
Anstatt auf Einheit und Versöhnung zu schauen,
will er partout 'ne Mauer vor Mexiko baun.
Und mit dem Blick auf England denk ich, was ein Theater,
da droht eine Spaltung, ein Brexit, ein harter.
Putin in Russland gebärdet sich wie früher der Zar,
Erdogan möchte wie ein Sultan sein, auch das ist klar.
Da sind Politiker in Deutschland und Europa, die Reden halten,
die nicht versöhnen, sondern die Gesellschaften spalten.
»Unser Land, unsre Gruppe zuerst«, die Tendenz ist besch...eiden,
so gegeneinander letztlich alle nur leiden.
Bei all den Sorgen und Wirren nicht nur der Katholik feststellt,
dass Papst Franziskus fast ständig wirbt für die Einheit der Welt.
Was passieren könnte, wenn alle gemeinsam agieren,
möchte folgender Witz illustrieren:
In einem Flugzeug saß Papst Franziskus und – ungelogen –
mit ihm warn Trump, Putin und Boris Johnson geflogen.

Sie saßen in Flugsesseln, ganz bequeme,
und suchten Lösungen für der Welt Probleme.
Da stürmt schreiend aus dem Cockpit der Pilot:
»Wir ham 'nen Motorschaden, der Absturz droht!
Rette sich, wer kann, wir müssen fort.
Doch wir haben nur vier Fallschirme an Bord.«
Trump greift sich ein Bündel, mit Pathos nicht zu knapp,
spricht: »America first«, und springt danach ab.
Putin greift einen Fallschirm, dass er sich retten kann:
»Russland wartet auf mich als starken Mann.«
Als Dritter will Boris Johnson das Flugzeug verlassen:
»Ich darf den Brexit-Termin nicht verpassen.«
Darauf dann Papst Franziskus zum Piloten spricht:
»Ich glaube an Jesus, und hänge an diesem Leben nicht.
Nimm du den letzten Fallschirm, ich trete zurück.
Rette du so dein Leben. Ich wünsche dir Glück.«
»O Heiligkeit«, antwortet der, »wir brauchen nicht beten.
Wir kommen bequem auch zu zweit aus den Nöten.
Es sind noch zwei Fallschirme für uns beide an Bord,
Trump war zu eilig, sprang mit meinem Rucksack fort.«
So kann's gehen, will man immer »first« sein – punktum,
und wenn man nur an sich denkt – wie egoistisch und dumm.
Drum merke, wovon das Herze ist erfüllt,
davon der Mund dann überquillt.
Solln deine Worte also gute Worte sein,
dann halte schlicht dein Herze rein.

5. Blick auf die Fastenzeit

Jetzt muss ich mich gewaltig sputen,
nicht länger zu predigen als zehn Minuten.
Das waren meine Gedanken für so manchen Fall
in unserer Gemeinde jetzt zu Karneval.

Ob die euch ärgern oder ob ihr sie lobt im Chor,
in jedem Falle nehmt sie doch mit Humor!
Das Reimen hat sich nach Karneval erledigt,
ab nächsten Sonntag wird wieder in Prosa gepredigt.
Doch verweise ich noch, das ist keine Modemasche,
auf den nächsten Mittwoch, den mit der Asche.
Ab dann beginnen Umkehr und Neustart in der Fastenzeit,
und wir machen uns innerlich für Ostern bereit.
Nutzt Beichte, Fastenpredigten und Frühschichten,
um das Dunkle im Herzen aufzulichten.
Haben wir die Stimme Jesu im Ohr, in einem Nachhall,
was er uns heut im Evangelium sagt zu Karneval.
Drum merke, wovon das Herze ist erfüllt,
davon der Mund dann überquillt.
Solln deine Worte also gute Worte sein,
dann halte schlicht dein Herze rein.

So ende ich nun in Gottes Namen
und sag wie immer am Ende »Amen«.

Guido Wachtel, Delmenhorst

DER WEG DER LIEBE – EIN WEG DER NARREN
(1. Kor 13)

Zur Faschingszeit in diesem Land,
das ist uns allen wohlbekannt,
da feiert man und singt und lacht,
manch einer derbe Witze macht.

Drum habe ich, als ich die Predigt
an meinem Schreibtisch hab erledigt,
gedacht: Es wär doch durchaus witzig,
Wenn sie gereimt wär, und zwar spritzig.

Da wir hier evangelisch sind,
ist's erstmal nötig, dass geschwind
ein paar Gedanken zu verschwenden,
was es mit Wortspaß soll bewenden.

Denn Fasching birgt ja schon Gefahr:
An einem Tag ist's wunderbar,
ob der Moral wacht nicht mal Vater –
doch schon am nächsten Tag: der Kater.

Zudem ein Hadern mit dem Glauben:
Darf ich als Christ mir das erlauben?
Was soll ein solcher Reim-Spaß schon?
Wir steh'n doch kurz vor der Passion!

Der Weg, der vor uns liegt, ist steinig,
da sind wir uns wohl alle einig.
Und wo wir ihn schon vor uns seh'n,
da soll'n wir uns im Jux ergeh'n?

Dazu: Der Text ist hoch und heilig,
er ist bekannt, ist wichtig, freilich,
manch einer hat ihn gar gewählt
zum Trautext, als er wurd' vermählt.

Auch lässt er erstmal nichts erkennen,
was einer könnt mit »Witz« benennen.
Er handelt doch von hehrer Liebe,
im Fasching gibt es höchstens Triebe!

Trotzdem geh ich das Wagnis ein:
Die Predigt soll heut anders sein.
Ich habe sehr viel nachgedacht
und mir 'nen Reim darauf gemacht.

Die Chance einer Büttenpredigt:
Das, wo ich dacht, es sei erledigt,
erklingt für Ohr und Herz ganz neu.
Drum bitt ich: Hört mich ohne Scheu!

Bei allem Ernst des Wortes heute
denk ich, wenn ich es richtig deute,
im Predigttext lässt ohne Schinden
so manche Narretei sich finden.

Der Liebe Hohelied genannt
schreibt Paulus hier ganz unverwandt
zur Schlichtung denen in Korinth,
die oftmals warn auf Streit gesinnt.

Zunächst einmal schreibt Paulus: »ich«
(und schaut dabei nicht nur auf sich):
Täte ich jenes oder dies
und wäre lieblos, wär's nur mies.

Ich könnte immer prima handeln.
Ich könnte beten, könnte wandeln
im größten Glauben, den es gibt,
und wär bei Frommen sehr beliebt.

Ich hätte Gaben von dem Geist
(und zeigte sie den anderen meist).
Ich würde kennen alles Wissen.
Ich würd mein Hab und Gut nicht missen.

Wenn alle Armen es erhielten,
ich würde ihnen alles bieten!
Ja, ich wär zudem auch bereit,
und das ganz ohne Widerstreit,

zu opfern mich mit Haut und Haar.
Das wär doch einfach wunderbar.
So wär das Leben als ein Christ:
Gut handeln, dass Gott nichts vermisst.

Während wir nun schon daran denken,
wie unsern Weg wir so soll'n lenken,
ruft Paulus uns in unser Ohr:
Nein, nein, so sieht das Gott nicht vor.

Wir haben doch etwas vergessen,
das alles wär total vermessen,
wenn dabei uns die Liebe fehlt,
dann sind die Taten unbeseelt.

Sie sind dann weder falsch noch richtig.
Sie sind dann nichts und gänzlich nichtig.
Wir selbst sind ebenso nichts mehr
und somit auch von Nutzen leer.

Wenn gute Taten nichts bedeuten,
obwohl sie vielleicht andre freuten,
wenn Geistesgaben nichtig sind,
obwohl recht fromm sie jeder find't,

weil innerlich, ihr ahnt es schon,
fehlt Liebe als Motivation,
dann denk ich, dass in unsrer Welt,
die Äußeres für wichtig hält,

das durchaus närrisch heißen kann.
Damit wir hätten jetzt sodann
bedacht die erste Narretei.
Und schon folgt darauf: Nummer zwei.

Betrachten wir die nächsten Zeilen,
nehmen uns Zeit, hier zu verweilen,
dann sehn wir: Nach dem eignen Handeln
schreibt Paulus von der Liebe Wandeln.

Er hat gewissenhaft notiert,
wie Liebe ist, wie sie agiert.
Ich will hier eine Auswahl zeigen
von Paulus' großem Liebesreigen:

Geduldig ist sie und bescheiden.
Sie fragt: Was kann der andere leiden?
Ihr Gegenüber schaut sie an
und will, dass Recht ihm angetan.

Sie weiß: Ich bin nicht in der Mitte,
das Prahlen ist nicht ihre Sitte.
Sie rechnet nicht das Böse auf
und misst's nicht, wie es doch der Lauf

zum Beispiel mancher Ehe ist.
»Du hast!« – »Nein, du der Unhold bist!«
»Du hast doch das« – »Du das getan«,
und schon nervt eins das andre an.

Die Liebe, von der Paulus dichtet,
dagegen niemanden falsch richtet.
Sie handelt schlicht und positiv
und wird nur konstruktiv aktiv.

Sie schützt und achtet jedermann
und –frau. Die Liebe wird getan.
Sie ist nicht pure Emotion,
sondern wird wahr in der Aktion.

Wenn ich da an mein Leben denke
und merke, wie ich mich verrenke,
um doch nur immer neu zu fehlen,
dann kann ich nicht so ganz verhehlen,

dass dieser Liebes-Anspruch hier
in dieser Welt, die doch von mir
erwartet, dass ich stets für mich
eintrete, deut- und inniglich,

mir ziemlich hochgegriffen scheint –
gar närrisch, wie auch mancher meint.
Wenn einer gern an andre denkt
und seine Liebe herzlich schenkt,

wenn einer weiß: Das tu nicht ich,
nein, Christus tut es doch durch mich,
dann kommt der Welt das komisch vor.
Solch einer gilt ihr als ein Tor.

In unsrer Welt, wir ahnen's schon,
erntet solch' Liebe eher Hohn.
Ich sage drum ganz frisch und frei:
's ist Paulus' zweite Narretei.

Weil drei der guten Dinge sind,
soll's nun gelingen ganz geschwind,
dass man die dritte Narretei entdeckt,
die sich im Liebes-Text versteckt.

Wir Menschen sind ja sehr bedacht
darauf und geben acht,
dass unser Wissen sich vermehre,
damit man unsre Klugheit ehre.

Zudem in manch einer Gemeinde
werden die Menschen fast schon Feinde,
sie streiten beinah um den Sieg
in ihrem frommen Glaubenskrieg.

Bei wem sieht man den Glauben mehr?
Wer gibt Gott besser seine Ehr?
Wer hat die meisten Geistesgaben?
Wer kann die größ're Demut haben?

So war's bei den Korinthern auch.
Ich sagte schon: Dort war es Brauch,
sich ständig, immer zu vergleichen,
Bewunderung sich zu erschleichen.

Nun sagt uns aber unser Paul:
An dieser Denke ist was faul.
Ihr könnt euch noch so mühen, regen,
ihr könnt die Eitelkeiten pflegen,

ihr könnt auch mit den Geistesgaben
manch schöne Gottesdienste haben.
Doch einmal wird das alles enden.
Dann lässt es Gott dabei bewenden,

dass nur die Liebe immer ist.
Das andre niemand dann vermisst.
Noch pflegen wir hier Puzzleteile
– dies tun wir wohl noch eine Weile –

doch einst wird Gott als Konstrukteur
des Puzzles, das uns hier oft schwer,
Die Teile selbst zusammenlegen.
Dies wird er tun zu unserm Segen.

Wenn wir hier streben nach Erkennen,
als Ziel perfektes Wissen nennen
und einen Glauben, ideal
und meinen, das wär sehr real,

dann foppt uns Gott hier höchstpersönlich
und meint zu uns, nicht unversöhnlich:
Lass die Vollkommenheit nun mir.
Vollkommne Liebe schenk ich dir.

Das, was dir hier so wichtig scheint,
ist sicherlich sehr gut gemeint.
Doch erst dereinst ein Mensch wird sehen
der Liebe Wahrheit und verstehen.

Vollkommenheit ist in der Welt
ein Gut, das niemals sich einstellt.
So plage dich nicht allzu sehr,
sonst wird dein Leben ziemlich schwer.

Wenn einer hier auf Gott vertraut
und so auf Gottes Zukunft baut,
sich zwar bemüht, doch sehr gelassen,
bereit ist, manches nicht zu fassen

und Gott das Ganze zu befehlen,
freilich ganz ohne sich zu stehlen
aus der Verantwortung im Leben,
die trotzdem jedem ist gegeben,

dann sagt die Welt: Der ist naiv.
Das ist doch gar nicht attraktiv.
Erkenntnis als 'ne Gottes-Gabe,
die man nur in der Zukunft habe?

Eigne Erkenntnis will ich hier,
ich forsche dort, ich forsch in mir
und seh ich nicht vollkommen klar,
liegt's dran, dass ich nicht eifrig war.

Paulus' Vollkommenheit dagegen
ist eine, die der Welt entgegen.
Drum mein ich wieder, eins, zwei, drei,
ist dies im Text 'ne Narretei.

Ein letztes sei noch angefügt,
denn Paulus das hier nicht genügt:
Er gibt der Liebe ganz am Ende
Bruder und Schwester an die Hände:

Glaube und Hoffnung soll'n ihr werden
Begleiter nun auf dieser Erden,
denn einen Sinn in unsrem Leben
kann's hier mit allen drei nur geben.

Jetzt fanden wir in Paulus' Wörtern
bei unserm Liebes-Text-Erörtern
'ne Narretei ganze drei Mal.
Das ist doch echt phänomenal.

Zum Schluss lässt sich mit Recht mitteilen:
Gar närrisch spricht der Paul bisweilen.
Die Weltordnung, die wir sonst lieben,
wird von ihm durchaus umgetrieben.

Den Weg der Liebe schlägt er vor,
das macht ihn dieser Welt zum Tor.
Wir freilich ahnen, dass es geht,
wenn man die Liebe recht versteht:

Zuerst ist Gottes Liebe da
und dann kommt unsereiner, ja.
Im Anschluss sind nun wir gefragt
und können tun, was er uns sagt.

Ich möchte nun dazu noch meinen:
Sind wir zur Nachfolge des Einen
bereit und folgen seinen Wegen,
sind Narren wir zu unserm Segen.

Den Weg der Liebe könn'n wir wagen
und Gottesliebe weitertragen.
Lasst uns das tun in Jesu Namen.
Nun endlich schließe ich mit: Amen.

Antje Klein, Geislingen

WER NICHT GLAUBT, DER GLAUBT SEHR VIEL

Liebe Brüder, liebe Schwestern,
ja, dies ist ein Spruch von gestern
und doch ein altbekanntes Spiel:
Wer nicht glaubt, der glaubt sehr viel.
Lirum, larum, Löffelstiel.

Er muss als Erstes sein Vertrauen
auf den Lauf der Sterne bauen.
Tierkreiszeichen so genannt,
weil damit der Verstand gebannt.

Zweitens, dass das Schicksal ihm gewogen
und er die rechte Zahl gezogen.
Den Ziffern ist das einerlei,
doch der Mensch ist nicht so frei.

Drittens mit dem Bein, dem linken,
nie aus dem Bett, um Glück zu finden.
Auf Hände achte man desgleichen:
keinesfalls die falschen reichen.

Die schwarzen Katzen muss man meiden,
die viertens alles Heil vertreiben.
Dazu die Käuzchen, wenn sie jammern,
sonst steht der Tod schon vor den Kammern.

Übers Kreuz nie Hände schütteln,
nicht an Friedhofstüren rütteln.
Stets auf Holz und Kopf zu pochen,
sonst fährt das Unheil in die Knochen.

Lirum, larum, Löffelstiel.
Wer nicht glaubt, der glaubt sehr viel.

Schon sind wir bei Nummer sieben:
Verschüttet nie das Salz, ihr Lieben.
Vor allem nicht an fremden Tischen,
sonst müsst ihr bald im Jenseits fischen.

Achtens: Wehe, sollt ein Spiegel brechen,
oder jemand sich versprechen,
falls er seinem Feind beschränkt
an den Hals wünscht Leid und Kränk.

Nummer zehn, ihr könnt es denken:
ein Amulett darf nicht verschenken,
wer sich den Zauber sichern will:

Lirum, larum, Löffelstiel.
Wer nicht glaubt, der glaubt sehr viel.

Bei Jesserndorf sah ich sie liegen,
man muss nicht nach Australien fliegen:
Heilsteine unter grünen Tannen,
die sollen alles Unglück bannen.
Geht es mit der Psyche quer,
die Steine stell'n sie wieder her.
Kranke werden kerngesund,
Klapperdürre kugelrund.
Beleibte kriegen die Figur!
Doch ich sage dazu nur:
Wer dort sitzt, nicht nur in Wintern,
bekommt nur eins: 'nen kalten Hintern.

Lirum, larum, Löffelstiel.
Wer nicht glaubt, der glaubt sehr viel.

Statt zu vertrauen, Gott, dem einen,
halten viele sich an Steine.
Den Topas in die Aktenmappe,
damit das Sexuelle klappe.
Ein Opal lässt hellsichtig seh'n,
Schmerzen durch Jaspis vergehn.
Mondstein bannt Schlafwandlerei,
Durchfall geht mit Achat vorbei.
Der Rubin, Glut für die Liebe,
ein Diamant vertreibt die Diebe,
vor Krankheit schützen die Saphire.
Granate schrecken wilde Tiere,
dem Türkis trauen junge Frauen,
und auf Amethysten bauen,
das ist der allerletzte Schrei,
wer fürchten müsst' die Polizei,
wenn die Promille sind zu viel:

Lirum, larum, Löffelstiel.
Wer nicht glaubt, der glaubt sehr viel.

Kartenschlagen, Sternegucken,
Horoskope, Tischleinrucken,
Lebenslinien, Mondscheinphasen,
das Fell von ungebor'nen Hasen,
Erde aus dem Grab der Ahnen,
Meteoriten, die aus Fernen kamen.
Gläserwandern, Pendelkreisen,
zu den heil'gen Quellen reisen,
Kaffeesatz und Hexenbesen,
Rutenzucken, Geisterwesen.

Tränen direkt aus Gipsfiguren.
Hodenteile von Lemuren,
aus dem Sarg der Pharaonen
weiße und auch rote Bohnen:

Liebe Brüder, liebe Schwestern,
das ist alter Schnee von gestern.

Lirum, larum, Löffelstiel.
Wer nicht glaubt, der glaubt sehr viel.

Reiki ist derzeit im Angebot
und heute überall der Hit.
»Heilungshände«, heißt es dort,
»teilen heilsame Lichtkraft mit.«
Doch schon im Laden nebenan
bietet man uns »Roifing« an.
Auramassage gibt's dort auch,
Therapie mit Urin ist in Gebrauch,
davon wird man sauber, clean.
Dort am Eck: Hildegard-Medizin.
Über die Straße, vis-à-vis,
verkauft man »kosmische Energie«.
Nur nicht denken, nur nicht fragen,
nur nicht zittern, nur nicht zagen,
nur nicht zweifeln, aber zahlen.

Lirum, larum, Löffelstiel.
Wer nicht glaubt, der glaubt sehr viel.

Wer nichts glaubt, braucht harte Sachen.
Im Halse stecken bleibt das Lachen:
»Einmal tausend – nicht mehr tausend!«
Als sich der Himmel hielt am Ende

an den irdischen Kalender,
den wir selbst gebastelt haben,
und an die Jahrtausendwende.

Ein Virus überfällt die Massen,
nur wenige bleiben da gelassen.
Endzeitfieber, so die Diagnose,
die jedoch geht in die Hose
ohne jede Therapie.
Kennzeichen dieser Epidemie:
Globalisierte Hysterie
angesichts der Ewigkeiten,
dazu verkürzte Halbwertszeiten
für Wissen, Job und in der Ehe:
Hetze total, soweit ich sehe.
Da muss doch eure Zeit verschwinden,
ohne Sinn, Zweck, Ziel zu finden.
Denn schon warten zwanzig Sekten,
die wahnbesetzt und mit defekten
Hirnen überall es laut verkünden,
wobei sie viele Gläub'ge finden,
dass nur der Massenselbstmord helfe,
denn es sei schon kurz vor Zwölfe.

Lirum, larum, Löffelstiel.
Wer nicht glaubt, der glaubt sehr viel.

Merkt, ihr Christen, was ich sage:
Überlasst euch weder Angst noch Plage.
Gottes Endspiel ganz allein
wird Sieger über das Verwirrspiel sein.
Neu wird er jedes Drama fassen,
es niemals bei Tragödien lassen.

Er, der allein der Retter heißt,
der Anfang, Ziel und Ende weist
im Ablauf unsrer Zeiten.
Er bleibt uns gnädig zugewandt
und führt uns alle an der Hand,
damit wir sicher schreiten.
Gott ist's, der uns die Zeit verkettet:
Doch ehe uns die Zukunft rettet,
müssen wir die Zukunft sein.
Dazu lädt uns der Glaube ein.
Amen.

Roland Breitenbach, Schweinfurt

ES IST NICHT LEICHT, EIN CHRIST ZU SEIN

Hallo Schwestern, hallo Brüder!
Büttenpredigt ist heut wieder.

Wie seit fünfundzwanzig Jahren
geht's in der Tonart eines Narren
kritisch, satirisch an den Karren
einer Kirch', die steif und stur
fährt im ersten Gange nur.
Sie kommt, weil ständig überdreht,
wenn überhaupt, meistens zu spät.

Worte aus der heiligen Schrift
sind explosiv, findet ihr nicht?
»Ihr sollt nicht schwören« ist zu lesen.
»Nur wie ein Kind könnt ihr genesen.
Wer also groß sein will, sei klein!«
»Ja sagen sollt ihr oder nein!

Alles andere ist vom Bösen!«
Dann nur wird euch Gott erlösen:
»Keinen sollt ihr Vater nennen!
Euch von Gier und Reichtum trennen.«

»Es ist so schwer ein Christ zu sein«,
schrieb schon der Fabeldichter Gleim
jetzt vor gut 200 Jahren:
»Wenn doch zu unsres Heilands Lehren
Papst, Abt und Probst ein Beispiel wären,
dann würden Seelen, Herzen rein,
dann wär' es leicht, ein Christ zu sein.«

Doch niemand hört, was Jesus sagt:
Keiner nach seinem Willen fragt.
Vor allem die Kirchenfürsten nicht.
Davon spricht heute mein Bericht.

Zum Priestersein ist man geboren.
Man(n) wird nicht einfach auserkoren.
Männlich sein muss das Geschlecht,
alles andre wär' nicht echt.
Auf den »kleinen« Unterschied kommt's an.
Kurzum: der Priester ist ein Mann.

Beim Amt an eine Frau zu denken,
sie könnte auch Gemeinde lenken?
Gott in seiner großen Güte
mög' dies Übel bloß verhüten:
Wenigstens bei uns, den Katholen,
die andren kann der Teufel holen.
Zur »Instructio Redemptionis Sacramentum«
Das allgemeine Priestertum (1 Petr 2,9)
verleugnet glatt der Vatikan:
Obwohl es gilt für Frau und Mann.
Ein Dokument, das uns beweist,
dass der Zeiger rückwärts weist.
Schnell wird Laien-Recht begraben,
denn das Amt fühlt sich erhaben.
Geht's aber um das liebe Geld,
sofort man sich an »Laien« hält.

Im Letzten, das ist meine Haltung,
gibt es eine Kirchenspaltung:
Die dritte ist es leider schon.
Nach Ostkirche, Reformation.

Ein Graben klafft, schmerzlich empfunden,
trennt die oben und die unten.
Der Priesterstand hat viele Pflichten,
nach denen sich die Titel richten:

Pfarrer heißt, zwar überspitzt,
der Mann, der die Pfarrei besitzt:
Die Christen werden dann entmündigt;
das Evangelium wird lau verkündigt.

Seelsorger, das ist selbsterklärlich.
Doch Seelsorge bleibt recht spärlich.
Christ sein heißt in uns'rer Zeit:
Jeder tut sich selbst sehr leid.

Der Frommen Titel allerliebster
ist und bleibt ganz einfach *Priester*.
Hochwürden ist durch dessen Gaben
weit über Irdischem erhaben.
Der Stand war früher heiß begehrt,
weil er die Heiligkeit beschert.
Doch weil in sexuellen Dingen
das Lied des Verzichtes ist zu singen,
bleibt der Priesternachwuchs spärlich,
wird am Ende ganz entbehrlich.

Zur äußerlichen Unterscheidung
gehört die priesterliche Kleidung:
natürlich Schwarz, weil ganz gewiss
nur Weiß die Farb' der Unschuld ist.
Dazu des Kragens steife Höhe,
damit man Menschen übersehe.

Gottesdienst den Priester bindet,
sodass er keine Zeit mehr findet,
denen Gott zu überbringen,
die nicht in seiner Kirche singen.
Das Schlimmste, was es gibt, o Graus,
sind Andersgläubige im Haus.
Ob orthodox, ob evangelisch,
darüber ist Rom gar nicht fröhlich.

Denn was dem wahren Glauben dient,
der Ratzinger allein bestimmt:
Wer nicht römisch, bleibt ein Ketzer,
wer's anders sieht, der ist ein Schwätzer.

Woher hat Rom denn diese Macht?
Ich denke, Jesus drüber lacht,
weil er gewiss kein Höfling war.
Auch das ist sicher und glasklar,
dass Jesus keine Priester weihte,
als er hier auf Erden weilte.

Gottes Sohn, ganz ohne Mittel,
wollt' weder Orden noch und Titel.
Wonach selbst viele Narren hecheln,
der Herr kann drüber eins nur: lächeln.

Exzellenz und Eminenzen,
die in roten Röcken glänzen,
sich mit Zweispitz-Hüten schmücken,
finden nicht Jesu Entzücken.
Die Kirche hat nicht viel gelernt,
zu weit von seinem Weg entfernt.

Karl Lehmann, Mainzer Kardinal,
kriegt 'nen Orden beim Karneval.
Wie er zu den Bischofsbrüdern steht,
ihr aus den Begrüßungsformeln seht:

Limburger den Oberhirten grüßen:
»Hallo. Franz, einen schönen Tag noch.«
Weil Aachner geldlich kürzen müssen:
»Heinrich, Kopf hoch! Du schaffst das doch!«
Kölner flüstern, ist das nicht schlimm:
»Allmächtiger! – der Joachim.«

Ich sag':
Wir Franken grüßen, weil das nix kost',
unsern Friedhelm: »Na, denn Prost!«

Die Christen, einstens ausersehen,
am Rade unsrer Welt zu drehen,
sind dem Geist der Zeit erlegen,
was nicht schwer ist zu belegen.

Aber nicht dem Geist von heute,
nein, nein, liebe Christenleute,
darauf bet' ich einen Psalter:
Es ist der Geist vom Mittelalter.

Jesu Präsenz nur dort besteht,
wo das Reich Gottes weitergeht.
Doch dieses wird nicht ernst genommen,
ist zum bloßen Schmuck verkommen.
Die Kirchenkrise, gebt fein acht,
ist deshalb eines: hausgemacht.

Die Amtskirch', das ist leider klar,
leistet sich, ja, es ist wahr!
einen Herrschaftsstil, der dreist
die Menschen aus der Kirche weist.
Der Codex gegen das Gewissen
zertritt die Kleinen mit den Füßen.
Armut zur Heiligkeit gesteigert:
Solch Vorbild wird vom Amt verweigert.
Der Zölibat, heilig verklärt,
ist längst durch seinen Zwang verjährt.

Scheitert der Christ an seiner Eh',
sucht neuen Segen? Eh' vergeh'
der Kirchenschatz im Vatikan:
Nie und nimmer geht das an.

Outet sich einer gar als schwul,
hockt er schon tief im Sündenpfuhl.
Indes die schwarzen Pädophilen
geil das Internet durchwühlen,
tönt es mörderisch von Rom:
Lieber Aids anstatt Kondom.

Die sehr auf Frömmigkeit versessen,
Moral recht unterschiedlich messen
und sich klerikal verkleiden,
um sich fein zu unterscheiden,
die gegen andre höchst penibel
lesen in der falschen Bibel.

Wo einst Vertrauen ward erworben,
wird nur verwaltet, was gestorben.
Statt »Ende der Betulichkeit«,
wünscht' ich mir mehr – Gelassenheit.

Auch ein Bischof muss bedenken:
Gott, nicht er, wird alles lenken.
Was stammt aus dem Geist der Welt,
hat todsicher das Ziel verfehlt.
Drum nenn' ich jeden arg borniert,
wer Gottes Pläne ignoriert.
Ich sag', damit ihr's alle wisst:
Der Kirchgang macht euch nicht zum Christ.
Kein Mensch als Rolls-Royce aufersteht,
nur weil er in die Garage geht.

Wie geht es weiter, wollt ihr fragen?
Ich werde es euch gerne sagen:
Alles, was Jesus hat verkündet,
in die Nächstenliebe mündet,
weil sie Gott erfahrbar macht.
Darauf sollt ihr haben acht:
Ihr seid Christen, wenn ihr geht,
den Weg, der für das Leben steht.
Dann ist es leicht, ein Christ zu sein.
Drum laden wir euch dazu ein:

Wenn jeder nur ein Bäumchen pflanzte,
anstatt zu schießen, lieber tanzte,
mit Lächeln zahlte, statt mit Geld:
Gesünder würde unsre Welt.
Wenn jeder einen ändern wärmte,
Bush nicht mehr von Kriegen schwärmte,
niemand mehr den ändern schlüge,
kein Politiker mehr lüge,
wenn Alte wieder Kinder würden,
man sich teilte Last und Bürden,
wenn dieses »Wenn« sich leben ließ,
wär' hier zwar noch kein Paradies,

doch Menschlichkeit hätt' angefangen,
mehr könnten wir gar nicht verlangen.

Gott halte uns in seinen Armen.
Helau ruf ich, und sage Amen.

Roland Breitenbach, Schweinfurt

JEDER MENSCH BRAUCHT GOTT ZUM VATER

Heute von Gott-Vater reden
fällt dem Menschen gar nicht leicht,
weil der Glaube ganz unmerklich
einem wirren Zeitgeist weicht.

Wer ist Gott? Kann man ihn sehen?
Hat er Augen und Gesicht?
Hat er nicht in seinen Gliedern
längst schon Rheuma oder Gicht?

Ist nicht, was wir »Gottheit« nennen,
eine Imagination,
Hirngespinst und Aberglaube,
frommer Wünsche Projektion?

Haben nicht die Wissenschaften
längst den Glauben widerlegt
und dem Thron des Himmelskönigs
alle Beine abgesägt?

Ja wahrhaftig: Wir, die Dummen,
sitzen noch in Kirchenbänken,
während sich die Aufgeklärten
in die Lust der Welt versenken!

Heute von Gott-Vater reden,
in der vaterlosen Zeit,
ist, wie Blumen pflücken wollen,
wenn es draußen friert und schneit.

»Vaterschaft« – da lacht man drüber:
»Vater werden ist von gestern!
Väter sind verkappte Spießer« –
hört man junge Leute lästern.

»Vaterschaft ist ein Versehen,
Kinder zeugen ein Malheur!
Väter sind Pantoffelhelden!
Echte Männer müssen her!

Gibt es einen Himmelsvater,
macht ihm schnellstens den Prozess!
Denn die Welt, die er erschaffen,
ist partout nicht gottgemäß!«

Kennt ihr die Geschichte von Pinocchio?
Dieser holzgeschnitzte und gewitzte Bengel
springt keck aus seines Meisters Händen wie ein frecher Floh
und wird ein unverschämter, ausgekochter Quengel.

Anstatt sich artig zu bedanken,
dass einer ihm das Leben gab,
durchbricht er die ihm zugemessenen Schranken
und setzt sich einfach von zu Hause ab.

Die väterliche Mahnung schlägt er in den Wind:
»Ich bin doch, mit Verlaub, ein freies Gotteskind!«
Sodass er sich in tolle Ausgelassenheit verstrickt,
bis er zerknickt
und ihn der Vater, heimgekehrt, mit Liebe neu zusammenflickt.

Das Thema ist bekannt und heute zeitnah wie zuvor.
Im Bibeldeutsch heißt das:
Gott hat Geduld. Er bricht nicht das geknickte Rohr.

Es gibt bekanntlich auch die christliche Pinocchio-Version:
das Gleichnis vom verlor'nen Sohn,
der gegen allen gutgemeinten väterlichen Rat
dasselbe tat.
Er gab sein Geld in vollen Zügen aus
und kam zerlumpt und abgebrannt nach Haus,
wo ihm der Vater eine weite Strecke schon entgegenkam
und den Zurückgekehrten liebevoll in seine Arme nahm.

»Ist das Gerechtigkeit?«, fragt sich der Tugendhafte, der zu Hause
    blieb,
»dass der gefeiert wird, der sich das Erbteil nahm wie ein
    gemeiner Dieb?
Wer so sein Geld verschleuderte wie der und lebte wie ein
    Schwein,
der hat noch nicht einmal verdient, des Vaters Knecht zu sein!«

»Verdient«? – Sagt Jesus nicht, wir seien alle Knechte?
Vor Gott zählt nicht Verdienst! Vor ihm hat keiner Rechte!
Anstelle der erwarteten Gerechtigkeit,
schenkt Gott uns unerwartete Barmherzigkeit.

Die Ehebrecherin im Straßenstaub zu Jesu Füßen
muss, wie es das Gesetz befiehlt, ihr Unrecht büßen.
Das Strafrecht fordert allerstrengste Peinigung.
Die Pharisäer flüstern: Sie verdient die Steinigung!

»Verdient«? – Sagt Jesus nicht mit aller Deutlichkeit,
wer von euch ohne Sünde ist, ganz rein,
der werfe auf die Frau den ersten Stein?
Anstelle der erwarteten Gerechtigkeit,
schenkt Jesus ihr – man staune! – die Barmherzigkeit.

Zachäus, Zolleinnehmer der Stadt Jericho,
war allgemein verhasst, ein Freund war nirgendwo.
Wer so wie er die armen Leute ausgepresst,
der hat verdient, dass man ihn meidet wie die Pest.

»Verdient«? – Sagt Jesus nicht: »Ich bin der Gute Hirte,
ich geh dem Schäflein nach, das sich verirrte?
Zachäus, lieber Freund, aus deiner Einsamkeit
befreit dich meine göttliche Barmherzigkeit.«
Ein andrer Zöllner steht zerknirscht im Tempel, ganz, ganz hinten,
und betet schuldbewusst: »Erbarm' dich meiner Sünden!«
Ein Pharisäer betet laut im Gotteshaus, ganz vorn:
»Verdient hab' ich den Himmel, Herr, –
und dieser Mann den Zorn!«

»Verdient«? – Sagt Jesus nicht: »Im Himmel wird geehrt
ein einziger Sünder, der auf Erden sich bekehrt?
Was ist des Pharisäers selbstgefällige Gerechtigkeit
verglichen mit der göttlichen Barmherzigkeit!« –

Wenn wir gerichtet würden, wie wir es verdienen,
dann könnten wir in Ewigkeit nicht sühnen
die roten Zahlen, die unsre Sünden schrieben,
die wir so gern auf fremde Konten schieben. –

Da war einmal ein Mann, der hatte hohe Schulden,
– so etwa zehn Millionen Gulden.
Der Gläubiger setzt ihm die letzte Frist.
Als diese abgelaufen ist,
lässt er den Mann zu sich zitieren
und sagt: »Ich muss dich liquidieren!
Du bist schon lang in meiner Schuld!
Jetzt ist es aus mit der Geduld!

Zahl mir das Geld zurück,
und zwar im Augenblick!
... Und bist du nicht willig, so brauch ich Gewalt,
dann wirst du im finsteren Kerker uralt.«

Da fiel der arme Tropf auf seine Knie
und rief mit flehentlicher Stimme: »Sieh,
mein Herr, ich will euch gern die Schuld bezahlen,
doch hab ich jetzt kein Geld! Ersparet mir die Qualen.
Erbarmt euch meiner Frau und meiner armen Kinder!
Ihr seid ein guter Mensch und nicht ein Menschenschinder!«

Den Gutsherrn packt das Mitleid und er sagt: »Du nennst mich
    ›gut‹.
So will ich mich erbarmen, guter Freund! Fass' wieder Mut!
Ich will ab heute meines Zorns nicht mehr gedenken.
Ich will die ganze Schuld dir schenken!«

Der so Begnadigte steht ganz erleichtert auf und geht;
und wie er grad' herum sich dreht,
kommt ausgerechnet einer, dem er kürzlich 150 Mark gelieh'n,
– ein guter Freund aus alten Tagen,
den Not und Sorgen mächtig plagen. –

Er schreit ihn an, er würgt und schüttelt ihn:
»Du bist schon lang in meiner Schuld!
Jetzt ist es aus mit der Geduld!
Zahl mir das Geld zurück,
und zwar im Augenblick!
... Und bist du nicht willig, so brauch' ich Gewalt,
dann wirst du im finsteren Kerker uralt.«

Da fiel der arme Tropf auf seine Knie
und rief mit flehentlicher Stimme: »Sieh,

mein guter Freund, ich will dir gern die Schuld bezahlen,
doch hab ich jetzt kein Geld! Erspare mir die Qualen.
Erbarm dich meiner Frau und meiner armen Kinder!
Du bist mein guter Freund und nicht ein Menschenschinder!«

Den Mitknecht packt die helle Wut;
er sagt: »Du nennst mich ›Freund‹ und nennst mich ›gut‹?
Doch bin ich nicht ein Freund von Emotionen,
drum kann ich dich, es tut mir leid!, nicht schonen.
Du siehst wohl ein, dass die Gerechtigkeit
korrekter ist als die Barmherzigkeit.
Ich habe keine Zeit mehr zu verschwenden:
Wenn du nicht heute zahlst, lass ich dich pfänden!«

Und Jesus fügt hinzu:
»Wer nicht vergibt, dem wird auch nicht vergeben!
Seid so barmherzig, wie mein Vater ist!
Wer gern verzeiht, der hat das wahre Leben!
Die Schuldenlast der Welt hab ich für euch gebüßt!

Drum verkünd' ich euch den Vater,
wer mich sieht, hat ihn geseh'n.
Seine Liebe ist unendlich,
sein Erbarmen bleibt besteh'n.

So sollt ihr zum Vater beten:
Der du in dem Himmel wohnst,
Vater, heilig sei dein Name,
groß das Reich, in dem du thronst.

Meine Speise sei dein Wille,
wie das Brot, das du uns gibst!
Und vergib uns unsre Schulden,
der du alle Schuldner liebst!

Lass uns selber gern verzeihen!
In Versuchung führ' uns nicht!
Mach uns frei von allem Bösen.
Sei uns gnädig im Gericht!«

Wir können dankbar sein, dass es den Vater gibt,
der uns, auch wenn wir schuldig sind, unendlich liebt.
Die Welt von heute braucht Barmherzigkeit
im Angesicht der Nöte dieser Zeit:

Drogentote, Arbeitslose,
Kindermord im Mutterschoße,
jugendliche Kriminelle,
Schlägereien, Überfälle,
Partnerwechsel, Ehebruch,
Politik mit Lug und Trug,
Unterschlagung, Korruptionen,
Suizide, Depressionen,
Schuldenberge, Riesenpleiten,
größte Armut aller Zeiten,
Kinderporno, Sextourismus,
stetig wachsender Rassismus,
Völkermord im Kosovo,
andernortes ebenso ...
Flüchtlingsströme, Asylanten,
skrupellose Spekulanten,
Explosionen, Flächenbrände ...
... eine Kette ohne Ende!

Wir können dankbar sein, dass es den Vater gibt,
der diese Welt trotz allem endlos liebt.
Der Mensch von heute braucht Barmherzigkeit
im Angesicht der Nöte dieser Zeit:

In der Kirche gibt es Frust,
Gläubigen vergeht die Lust,
denn die Gottesdienstgestaltung
bringt zu wenig Unterhaltung.
Priester müssen Mätzchen machen,
dass die Kirchengänger lachen.
Und so übt sich mancher Paster
als ein flotter Talkshow-Master;
Pastor Fliege macht's uns vor!
Die Gemeinde brüllt im Chor.
Beten oder Meditieren
wird ersetzt durch Diskutieren,
Orgelspiel und Volksgesang
durch modernen Techno-Klang.
Selbst der Priester ist veraltet,
wo der Superlaie waltet.
Glauben will man demokratisch,
nicht von oben, nicht emphatisch,
Kirche soll von unten sein,
ohne frommen Heiligenschein.
Schwestern, Brüder lieben sich,
das nennt man »geschwisterlich«.
Wenn die Frauen nicht bald priestern,
werden sie noch ganz verbiestern.
Wenn der Zölibat nicht fällt,
löst sich auf die Christenwelt ...

Wir können dankbar sein, dass es den Vater gibt,
der die geschmähte Kirche so unendlich liebt.
Der Christ von heute braucht Barmherzigkeit
im Angesicht der Nöte dieser Zeit:

Auch unsere Gemeinde schrumpft.
So viele sind im Glauben abgestumpft.

Sie möchten sich den Kirchenservice kaufen,
drum lassen sie die Kinder zwar noch taufen;
denn das gehört nun mal zur Tradition.
Dann folgt auch noch die Erste Kommunion,
bei manchen noch die Firmung – weil die Eltern drängen –.
Zur Trauung aber lässt ein Paar sich nicht mehr zwängen;
man lebt am besten unverbindlich,
selbst Christen finden das heut nicht mehr sündlich.
Dann kommt die lange Pause bis zum Tod;
auch dafür gibt's ein Extra-Angebot:
die würdevolle Trauerfeier;
man zahlt ja schließlich Kirchensteuer.
Der Pfarrer wird zum Serviceleister degradiert,
der je nach Wunsch die Feier dekoriert.
Doch sonntags bleibt das Gros zu Haus
und schläft sich nach der langen Woche aus.
Die Kinder solcher Eltern wissen offenbar
nicht einmal mehr, wer Jesus Christus war, –
vielleicht ein Fabeltier, das manches Schöne bringen kann,
so wie der Osterhase und der Weihnachtsmann.
Da sich ganz unmerklich die Geister scheiden,
wird unser Volk mehrheitlich ein Volk der Heiden.

Wir können dankbar sein, dass es den Vater gibt,
der unsre Pfarrgemeinde so unendlich liebt.
Der Christ von heute braucht Barmherzigkeit
im Angesicht der Nöte dieser Zeit ...

Heute von Gott-Vater reden,
tut der Menschheit wieder not.
Was wir glauben, lieben, hoffen,
ist das beste Angebot.

Darum sag ich unverhohlen:
Vaterschaft ist nicht von gestern.
Jeder Mensch braucht Gott zum Vater!
Lasst die jungen Leute lästern!

Wenn wir auf dem Weg zum Vater
nicht ermüden, nicht erlahmen,
dann empfängt er uns mit Freuden,
dann sind wir zu Hause. Amen.

Winfried Abel, Heiligenkreuz

... UND BRUMMT NICHT IMMER VOR EUCH HIN: »DAS ALLES HAT DOCH KEINEN SINN.«
(Lk 5,1-10)

Grüß Gott, ihr Schwestern und ihr Brüder,
der Fasching kam auf uns hernieder,
und seine närrischen Kurrenden
hab'n fest uns wieder in den Händen:
Die Leute lachen für drei Tage,
entfliehen aller Alltagsplage,
und während's klingt von allen Rängen
in allen heit'ren Festgesängen,
da träumt ein jeder – groß und klein,
dass alles anders könnte sein.

Da will auch ich mir's nicht verwehren
und lass' als Narr mich heut hier hören.
Und wie's den Narren aufgetragen,
möcht' ich hier ein paar Dinge sagen,
die viele untern Teppich kehren,
obwohl sie jedermann beschweren,
und die, weil keiner gern sie zeigt,
der brave Mann auch meist verschweigt.

Es ist des Narren heil'ge Pflicht,
Verschwiegenes zu stell'n ins Licht
und allen – Jungen wie den Alten –
den Narrenspiegel vorzuhalten,
dass klar sie sehen, wie sie sind,
und so nicht weiter bleiben blind.

Ich wähl' dazu als Medium
das heut'ge Evangelium:
Vom Fischzug, da sie so viel fingen,
dass sie beinahe untergingen,
von Petrus, der erst gar nicht wollte,
als er das Netz auswerfen sollte,
von Jesus, der mit diesem Zeichen
auch euch und mich will heut erreichen,
und der wie Petrus möcht' uns sagen:
Man muss stets neu den Anfang wagen.
Man darf nicht, weil's mal ging daneben,
sich gleich enttäuscht von dannen heben.
Er ruft uns an, besteht darauf:
Hört endlich mit dem Murren auf.
Und brummt nicht immer vor euch hin:
Es hat doch alles keinen Sinn.

Wie oft hab' ich dies Wort gehört,
und jedes Mal hat's mich gestört.
Ich will nicht lang' euch damit plagen,
doch ganz konkret will ich's euch sagen:

Das Erste, das ich will hier nennen,
werd'n viele von euch selber kennen:
Da gibt es Leute, die seit Jahren
treu auf der gleichen Straße fahren,
die immer teilen Freud und Leid
in guter und in schlechter Zeit.
Doch plötzlich – keiner kann's versteh'n –
will jeder eig'ne Wege geh'n.
Sie sagen einfach: Jetzt ist Schluss,
das Ganze bringt uns nur Verdruss.
Die Liebe hat sich aufgebraucht,
das letzte Feuer ist verraucht.

Warum soll'n wir uns weiter plagen,
wir hab'n uns eh' nichts mehr zu sagen.
Es ging vorbei, so wie's gekommen,
einst war es stark, jetzt ist's zerronnen.
Ein neuer Anfang ist nicht drin,
in unserm Fall hat's keinen Sinn.

Ein andres Beispiel sei genannt,
auch das ist jedem gut bekannt:
Weil einer mal was Falsches tut,
der andre nimmt gleich seinen Hut,
lässt einfach ihn im Regen steh'n
und ward fortan nicht mehr geseh'n.
Ist nie ein Fehler ihm passiert?
Hat nie er sich falsch aufgeführt?
Kommt ihm denn gar nicht in den Sinn:
Er selbst war auch nicht nur Gewinn.
Wenn du ihn willst zur Ordnung rufen,
er soll's doch noch einmal versuchen,
da lässt er sich auf gar nichts ein.
Er sagt dir auch noch obendrein:
Ein neuer Anfang ist nicht drin:
Bei dem macht so was keinen Sinn.

Und denkt auch mal an jenen Mann,
dem einst der gute Einfall kam,
man könnte da bestimmte Sachen
viel besser und viel schneller machen.
Er sagt's dem Chef, sagt's den Kollegen.
Möcht', dass sie sich auch gleich bewegen.
Da sieht er sie verlegen schlucken
und hilflos mit den Achseln zucken.
Sein Einfall ist ihn'n unbequem,
sie möchten ruh'ge Wege geh'n.

Der gute Mann gerät in Wut
und schimpft sie eine faule Brut,
die nur im alten Trott marschiert,
weil da nicht allzu viel passiert.
Er sagt es ihnen frank und frei:
Für ihn sei es ab jetzt vorbei.
Für ihn sei Einsatz nicht mehr drin:
Mit ihnen macht' es keinen Sinn.

Ich will ganz ehrlich noch benennen,
dass wir's auch bei uns selber kennen.
Ich meine hier in der Gemeinde,
wo wir uns treffen ja als Freunde:
dass wir enttäuscht nach Hause geh'n,
weil uns die andern nicht versteh'n,
dass wir uns nicht mehr engagier'n,
wenn wir mal Vorbehalte spür'n,
dass dann, wenn etwas nicht gelungen,
wir schnell das Abschiedslied gesungen,
dass dem, der uns mal überseh'n,
wir lieber aus dem Wege geh'n.
Mal auch der Pfarrer nicht mehr will,
weil die Gemeinde ist zu still,
mal hab'n die Leute es auch satt,
weil ihn'n der Pfarrer viel zu matt.
Und wenn dann viele Dinge ruh'n,
weil viele Leute nichts mehr tun,
da grummelt still man vor sich hin:
Das Ganze hat doch keinen Sinn.

Ich will kein Beispiel mehr erzählen,
wozu soll ich euch länger quälen.
Ihr wisst ja alle, was ich meine.
Ich denke, ich steh' nicht alleine:

Der Spruch, den wir so oft gehört,
hat vieles unter uns zerstört.
Wie viel ist unter uns gestorben,
wie viele Chancen sind verdorben,
wie viele Hoffnungen verblassten,
wie viele Wege wir verpassten,
weil wir zu schnell und unbesonnen
oft einfach gleich den Hut genommen,
weil wir nicht in Gelassenheit
zum Neuanfang uns ließen Zeit.
Zu schnell es hieß: Hier ist nichts drin.
Das macht doch alles keinen Sinn.

Wenn auftät' sich das Kirchentor
und Jesus selber stünd' davor
und wenn er käme gleich herein,
um unser Lehrer heut zu sein,
bekämen wir – ich möcht' es schwören –,
das von ihm selber auch zu hören.

Ich weiß, so was wird nicht gescheh'n,
doch will ich ja als Narr hier steh'n.
Da müsst ihr's heute schon ertragen,
dass ich manch Närrisches werd' sagen.
Versucht's deshalb und stellt euch vor,
er stünde wirklich hier am Tor.
Ich glaub', das Bild bringt uns Gewinn.
Drum sagt nicht gleich: Es macht kein'n Sinn.

So bleiben wir jetzt auch dabei,
dass Jesus heut der Lehrer sei.
Ich glaub', er würd' an diesem Orte
nicht machen allzu viele Worte.

Er würd's stattdessen ohne Zagen
mit solchen Worten etwa sagen:
»Ihr wisst ja selber, wie es steht,
und dass es so nicht weitergeht.
Ich glaub, ich brauch's euch nicht zu sagen:
Die Uhr hat fünf vor zwölf geschlagen.
Drum fahrt hinaus, geht sofort los,
legt nicht die Hände in den Schoß.
Da im Betrieb, in eurem Haus
werft noch einmal die Netze aus.
Auf neuen Wegen müsst ihr wandern!
Lernt, gut zu denken von den andern!
Verzeiht, wenn einer euch getroffen,
und helft einander wieder hoffen!
Denn wer nur redet, ändert nichts,
wer resigniert, löscht aus das Licht.
Nur Schimpfen, das bringt kein'n Gewinn.
Dann hätt' es wirklich keinen Sinn.

Hätt' Jesus dieses vorgetragen,
dann würd'n wir wohl wie Petrus sagen:
»Ach, Herr, wir haben's doch versucht
und kein'n Erfolg dabei verbucht.
Wir haben's versucht mit Freundlichkeit.
Die andern waren nicht bereit.
So oft hab'n wir uns engagiert
und keine Resonanz verspürt.

Wir wollten stell'n was auf die Beine,
am Schluss wir standen dann alleine.
Wie Petrus haben wir's gemacht,
war'n draußen fast die ganze Nacht.
Wir hab'n gemüht uns wirklich sehr,
doch unsre Netze blieben leer.

Wir hab'n genug. Es reicht uns jetzt!
Wir hängen auf das leere Netz.
Denn Fische waren nicht darin.
Das Ganze hatte keinen Sinn.«

Doch Jesus würde demonstrieren,
dass immer Neues kann passieren,
auch Petrus bracht' viel Fisch nach Haus,
weil er noch mal das Netz warf aus.

Man müsst' es einfach mal probieren,
ganz neue Wege aufzuspüren.
Und geht's auch dreimal vor den Baum,
wir müssten einfach drauf vertrau'n,
dass der zum Ziele wird gelangen,
der Mut hat, stets neu anzufangen.
Mein Gott, was könnte da gescheh'n,
wenn Menschen lern'n, sich zu versteh'n,
wenn Böses man vergessen kann
und noch mal fängt von vorne an.
Schon heut entstünde eine Welt,
in der nur noch das Gute zählt,
in der es gilt nicht als Gewinn,
dass einer sagt: Es macht kein'n Sinn.

Vielleicht sagt ihr: »Du bist ein Narr!
Denn solch ein Traum wird niemals wahr.
Wir können nicht den Himmel stürmen!
Wir scheitern schon an Kirchentürmen.
Wir könn'n nur kleine Sprünge springen,
die werd'n uns nicht zum Himmel bringen.
Wir könn'n nicht auf Erfolge pochen,
weil wir doch nur mit Wasser kochen.«

Dass ich ein Narr bin, geb' ich zu.
Deshalb geb' ich auch keine Ruh'.
Ein Narr muss Jungen wie den Alten
den Spiegel vor die Augen halten.
Ein Narr sagt: Überall auf Erden
könnt wirklich vieles besser werden.
Und närrisch ist's ja auch gewesen,
was wir vom Fischzug da gelesen.
Vielleicht fehlt uns der Narrensinn,
der sagt: Es ist noch alles drin.
Vielleicht fehlt uns der Übermut,
der immer neu das Gute tut,
der glaubt, dass wir es doch noch schaffen,
in dieser Welt was neu zu machen.
So möcht' zum Schluss ich's doch noch wagen,
bescheiden dies als Wunsch zu sagen:
Brummt ja nicht immer vor euch hin:
Das Ganze hat ja keinen Sinn.

Wenn jemand doch den Spruch sagt nach,
dann steigen wir ihm auf das Dach.
Und wenn's geschieht in diesem Rahmen,
dann sag ich ganz begeistert: AMEN.

Claus-Peter März, Erfurt

BEGREIFT, DASS MANCHES BESSER GEHT, WENN SICH DIE ERDE ANDERS DREHT
(Mt 5,38-48)

Ihr frommen Seelen, mild gesonnen,
die ihr zum Gottesdienst gekommen:
Ich grüß' euch alle, bin begeistert,
weil ihr den Weg hierher gemeistert
und nicht bei diesem wilden Treiben
besorgt zu Hause wolltet bleiben.
Denn heut würd' jedwediges Fehlen
als doppelt schwere Sünde zählen:
als Fahnenflucht beim Narrenfest,
da hilft kein Doktor, kein Attest,
da gibt euch – selbst nach Petition –
keine der Kirchen heut Absolution.
Doch das soll eure Sorg' nicht sein,
ihr seid ja da und fand't euch ein.
Drum macht ein fröhliches Gesicht,
das ist heut eure Narrenpflicht.
In diesem Sinn: »Alaaf!«, »Helau«,
»Grüß Gott« und »Hi«, vielleicht auch »Ciao«!
Fühlt euch begrüßt! Wenn euch was stört,
dann tut, als ob ihr's nicht gehört.

Der Fasching bunt liegt überm Land.
Drei Tag' lang alle sind verwandt.
Man tanzt in Straßen und in Gassen,
ganz Fremde froh sich unterfassen.
Was sonst recht schwer fällt, geht heut leicht,
was sonst normal ist, wirkt heut seicht.

Was wir so tun, heut hat es Pfiff,
denn »Irgendwas« hat uns im Griff –
selbst wenn wir Vorsicht lassen walten
und vornehm uns am Rande halten.
»Es« geht uns nach. »Es« holt uns ein.
Was immer gilt, darf heut nicht sein.
Es ist wie im verschloss'nen Haus
in uns »was« drin, und das will raus.
Das ist der Narr, der in uns steckt
und wohlig seine Glieder streckt,
weil er – der in uns ist zu Haus –
meist nur zur Faschingszeit darf raus.
Er ruft uns zu – ob Groß und Klein:
»Ihr müsst heut nicht vernünftig sein,
tut einfach das, was sonst nicht geht,
wenn ihr euch selbst im Weg 'rumsteht.«

Ja, hört's euch an, ihr Schwestern, Brüder,
das ist der Narr in unsern Gliedern,
der lange Zeit sich hat verkrochen
und heut'gen Tags ist ausgebrochen.
Und er tritt auf ganz »stante pede«,
hält seine große Narrenrede.
Dabei stellt auf im bunten Feld
er Bilder einer and'ren Welt,
in der ein heit'rer Geist zieht ein,
weil da der Narr wird König sein.
Ist da heut noch an and'rem Ort,
so gilt doch schon das Losungswort:
»Setzt neue Zeichen, seid nicht still,
dass jeder, der euch hören will,
begreift, dass manches besser geht,
wenn sich die Erde anders dreht.«

Bisher war's nur Präludium.
Jetzt geht's zum Evangelium –,
das wir entschieden woll'n befragen,
was es uns hier und heut will sagen.
Und das, was wir da konnten lesen,
das war kein sanfter Text gewesen.
Das war nicht sanft, das war ein Hammer,
und auch kein kleiner – nein, ein strammer,
der zielgenau und ziemlich laut
klar auf so manchen Putz mal haut
und unverblümt zu sagen wagt,
was wirklich jetzt wär' angesagt.
Klang's auch im Tonfall etwas herrisch,
vom Inhalt her erscheint es närrisch:
»Gelieh'nes Geld treib ja nicht ein!
Was ihr verborgt, holt nicht mehr heim.
Den Rock – und wär's dein bestes Stück –
verlang' vom andern nicht zurück!
Bei ihm vielleicht ist's etwas knapp
und dir geht deshalb doch nichts ab.
Und wenn man den Befehl dir bringt,
der dich zur Wegbegleitung zwingt,
dann fang' nicht an ein'n großen Streit.
Geh mit – und zwar noch mal so weit.
Wenn einer sagt, er würd' dich schlagen,
sollst du ihm nicht das Gleiche sagen.
Sag ihm: Bei mir ist das nicht drin!
Halt ihm die andre Wange hin.«

Das geht schon etwas an die Haut
und klingt zudem doch sehr vertraut.
Es wirkt – kommt's auch auf leis'rer Sohle –
wie unsre närrische Parole:

»Setzt neue Zeichen, seid nicht still,
dass jeder, der euch hören will,
begreift, dass manches besser geht,
wenn sich die Erde anders dreht.«

Das sind nun die berühmten Zeichen,
durch die wir soll'n die Welt erreichen.
Viel Streit werd'n sie wohl kaum beenden,
nicht alle dunklen Wege wenden.
Kein Mensch wird heul'n und zähneknirschen
und bußfertig zum Nachbarn hirschen.
Doch solche Zeichen hab'n schon Kraft.
Manch einer ist durch sie erwacht
und ist seither auch nicht mehr still,
sagt jedem, der es hören will,
dass manches sicher besser geht,
wenn sich die Erde anders dreht.

Der Narr in uns, er schärft uns ein:
»Heut wen'gstens anders mal zu sein
und, statt Gewohntes aufzuhäckseln,
doch nur die Brille mal zu wechseln.
Wer glaubt, es kann noch was gescheh'n,
der muss mit Narrenaugen seh'n.

Und Narren braucht's in diesen Zeiten,
da Hass und Dummheit sich verbreiten,
wenn plötzlich bricht der schöne Schein
und längst Vergang'nes holt uns ein:
Da tönen unsre Straßen wieder
von längst schon tot geglaubten Liedern.
Und manchen hört man lauthals sagen,
es wäre Zeit, mal dreinzuschlagen.

Ein andrer meint, es wäre dran,
zu rufen nach dem starken Mann,
der das, was außer Rand und Band
zur Ordnung bringt mit harter Hand.
Dem dritten stört das nur die Ruh'.
Er sagt nicht viel; er schlägt gleich zu.
Was tut man dann, wenn das passiert
und plötzlich alles eskaliert?
Wenn die Spirale der Gewalt
nach oben steigt und macht nicht Halt?
Gut wär', wenn wir bei solchem Treiben
gewaltlos würden Flagge zeigen.
Und dabei einfach einmal wagen,
dem anderen ganz klar zu sagen:
Was du auch tust, nie wird's gescheh'n,
dass ich in dir den Feind werd' seh'n.
Ich geh' nicht mit auf diese Leiter,
treib die Spirale nicht noch weiter.
Ins Spiel Freund–Feind steig ich nicht ein,
sollt' ich auch der Verlierer sein.
Hier wär's dann wieder mal am Platz,
zu nennen unsern Obersatz:
»Setzt neue Zeichen, seid nicht still,
dass jeder, der euch hören will,
begreift, dass manches besser geht,
wenn sich die Erde anders dreht.«

Doch kann uns so was noch gelingen?
Künn'n wir noch andre Lieder singen?
Am Bildschirm schon die Kinder sehen,
wie es im Leben muss geschehen:
wie Männer in den schnellen Wagen
gnadenlos Verbrecher jagen.

Sie schlagen zu, ganz eins, zwei, drei,
und schießen sich die Wege frei.
Die andern haben nichts zu erben,
nur dass programmgemäß sie sterben.
Und wenn sie alle sind erschossen
und auch genügend Blut geflossen,
dann sitzt ganz clever und ganz cool
der Sheriff auf dem nächsten Stuhl
und lädt den Colt für alle Fälle,
denn wenn es brennt, ist er zur Stelle.

Und wer das sieht, dem ist auch klar:
Wir tun's nur so, wie's immer war.

Ein andrer Film führt in die Fernen,
erzählt vom Krieg hoch in den Sternen.
Die ganze Handlung ist geschickt
nach altem Muster ausgestrickt:
Die Guten kämpfen mit den Bösen,
und der Konflikt ist nur zu lösen,
wenn klar am Schluss die Guten siegen,
die andern völlig unterliegen.
Man sieht genau, wie's wird gemacht:
Die Bösen werden abgeschafft.
Ein heller Blitz, ein kurzer Schreck,
dann ist die finst're Bande weg.
Die Luft ist sauber, alles klar.
Es ist so, wie es vorher war.
Von der Geschichte die Moral:
Hart muss der Gute sein wie Stahl,
mit Feuer muss er schlagen drein,
nur so kann er der Sieger sein.

Was wird mit Kindern wohl gescheh'n,
die tausendfach Gewalt geseh'n?
Was ist von ihnen zu erwarten,
wenn selbst sie in Konflikt geraten?
Werd'n sie nicht dann die Wege geh'n,
die sie am Bildschirm hab'n geseh'n?

Werd'n sie nicht irgendwann uns sagen:
Hier hilft nur noch, fest dreinzuschlagen?
Wird irgendwann es nicht gescheh'n,
dass sie, wie einst im Film geseh'n,
dann nur noch von dem einen träumen:
mal einfach richtig aufzuräumen?
Was tut's, wenn da die Fetzen fliegen
und wenn auch bleibt ein Dutzend liegen?
Es hilft nicht, wenn wir Messer wetzen,
wir müssen klare Zeichen setzen.
Ich füg', die Zeit ist wieder dran,
programmgemäß den Merksatz an:
»Setzt neue Zeichen, seid nicht still,
dass jeder, der euch hören will,
begreift, dass manches besser geht,
wenn sich die Erde anders dreht.«

Viele stets hab'n lamentiert,
wenn irgendwo was eskaliert.
Doch hat auch jeder, der da klagt,
sich selber irgendwann gefragt,
was er dagegen hat getan,
bevor der ganze Streit begann?
Doch solche Einsicht ist halt schwer:
Wir rufen nach der Feuerwehr,
wenn alles hell in Flammen steht
und eigentlich schon nichts mehr geht.

Wie wär's, man ließ' die Kinder sehen,
was auch in dieser Welt geschehen,
dass einer mal sich aufgerafft
und wirklich Frieden hat gemacht,
der nicht mehr folgt dem schlimmen Bild,
dass jedes Unrecht man vergilt,
der frei ist von dem schlimmen Wahn:
Aug' um Auge und Zahn um Zahn.

Gott sei Dank, gab's Lichterketten,
Versuche, doch noch was zu retten.
Doch tausendfacher Kerzenschein,
das kann auch nur ein Anfang sein.
Und Frieden hat, wie jeder weiß,
auch seinen sehr konkreten Preis.
Wir werd'n erst wirklich Frieden seh'n,
wenn selbst wir neue Wege geh'n.
Denn was hier wo und wie passiert,
wird auch durch uns herbeigeführt.
Es reicht nicht, wenn wir einfach toben,
weil tatenlos sind »die da oben«.
Es reicht nicht immer neu der Schrei:
Wir brauchen viel mehr Polizei.
Es hilft nur, dass wir's selbst probieren,
die Möglichkeiten aufzuspüren,
wie an dem Ort, an dem wir steh'n,
tatsächlich etwas kann gescheh'n.
Da sind wir wieder bei den Zeichen,
die helfen, Fronten aufzuweichen.

Mit Recht würd' jeder sich beschweren,
ließ' ich jetzt nicht den Merksatz hören,
der wie ein Führer vor uns schreitet
und durch die Predigt uns geleitet:

»Setzt neue Zeichen, seid nicht still,
dass jeder, der euch hören will,
begreift, dass manches besser geht,
wenn sich die Erde anders dreht.«

Gesagt ist, was gesagt sein muss,
drum komme langsam ich zum Schluss,
dass ihr nicht ungeduldig werdet,
was ja die Andacht sehr gefährdet.

Ich hab als Narr mich produziert.
Auf fremdem Land bin ich marschiert.
Ich hab mit Reimen mich gequält
und euch von jenem Narr'n erzählt,
der in uns steckt und heut will raus,
da überall ist Saus und Braus.

Der Narr in uns, der nie will ruh'n,
will auch verrückte Dinge tun,
er stellt sich wider bied'ren Lauf,
bis dass auch andre wachen auf.
Wenn ihr den Narr'n in euch entdeckt,
hätt' diese Predigt ihr'n Effekt.
Noch mehr jedoch gewonnen wäre,
macht ihr auch seinem Namen Ehre,
indem ihr euch nicht mehr geniert,
dass ihr ihn immer mit euch führt.
Am besten aber würd' es sein,
ihr ließ't euch richtig auf ihn ein:
auf seine Hoffung, seine Zeichen.
Das würd' für dieses Jahr mir reichen.

Da wir die Predigt nun geschafft,
wär' noch der Merksatz angebracht.

Doch da ihr ihn so oft gehört,
könnt's sein, dass mancher sich dran stört.
Ich lass ihn weg in diesem Rahmen
und sag stattdessen einfach: AMEN.

Claus-Peter März, Erfurt

... UND ÜBERALL GEHT UM DIE KUNDE, DEN LETZTEN BEISSEN DOCH DIE HUNDE
(Lk 6,27-38)

Hört, Schwestern, Brüder, Gotteskinder,
hört Freunde, Feinde, Alltagssünder,
hört Schlechte, Gute, hört, ihr Besten,
hört, ihr vom Osten und vom Westen.
Hört alle, die ihr wohlgesonnen
zum Gottesdienst seid hergekommen.
Ich grüß euch heute, Mann und Frau,
hier mit »Grüß Gott« und mit »Helau!«,
und wenn bei einem ist Bedarf,
auch mit »Heijo« und mit »Alaaf«.
Dass ich mit keinem mich verfeinde,
grüß ich die närrische Gemeinde.
Ich grüße euch mit Mann und Maus
voll Freude hier im Kirchenhaus.

Narren braucht's heut überall,
nicht nur am heil'gen Karneval.
Sie müssen wider allen Schein
stets sagen: Es könnt anders sein.
Wen'gstens Narren solln sich trauen,
auf die Pauke mal zu hauen,
um alle andern drauf zu trimmen,
neue Lieder anzustimmen.

Ja, Narren braucht's in diesen Zeiten,
da viele Dinge uns entgleiten,
da viel, worauf wir einst vertraut,
erwies sich als auf Sand gebaut,

da alle sehen, wie es steht,
und keiner weiß, wie's weitergeht.
Hier braucht man die, die ehrlich sagen,
was die Stunde hat geschlagen,
die deutlich auch beim Namen nennen,
was keiner sagt, weil's alle kennen.

Was solln wir da mit Heilspropheten,
was nutzen die Erfolgspoeten,
wenn überall geht um die Kunde,
den Letzten beißen doch die Hunde.
Und alle stelln sich darauf ein,
denn keiner will der Letzte sein.

Doch manchen regt das nicht mal auf:
»So ist er halt, der Weltenlauf,
wo's oben und wo's unten gibt,
wo man nur seine Freunde liebt,
wo Große groß sind, Kleine klein,
und wer's gepackt hat, der hat Schwein.
Die Welt verlangt halt ihre Spesen,
so ist es immer schon gewesen.
Und jedem braven Mann ist klar,
wer's anders sieht, der ist ein Narr.«

Doch solche Narretei sich findet
in dem, was Jesus uns verkündet
und was man uns – gut kalkuliert –
heut als Frohbotschaft präsentiert:
Da soll dem Mann, der mich geschlagen,
ich nicht einmal die Meinung sagen,
stattdessen still mit frommem Sinn
die andre Wange halten hin,
und den nicht packen, der gesonnen,

an meine Habe 'ranzukommen.
Ich geb' dem, der mein Hemd zieht ein,
noch meinen Mantel obendrein.
Und jeden, der bei mir will borgen,
hätt' ich mit Geld auch zu versorgen,
ganz gleich, ob mir der gute Mann
dasselbe auch zurückzahln kann.

Wenn das nicht eines Narren Sicht,
dann frag ich mich, was närrisch ist.
Die Leute stünden bei mir Schlange,
um mir zu haun die andre Wange.
Die Hemden würd' man requirieren,
um auch die Mäntel zu kassieren.
Sie stünden da in langen Reihen,
um beutelweise Geld zu leihen,
weil sie ja aus der Bibel wüssten,
dass sie mir's nicht zurückzahln müssten.
Schlüg ich mich heut auf diese Seite,
dann wär' ich morgen früh schon pleite.

Doch braucht's nicht solche Narrenzeichen,
wenn man was Neues will erreichen?
Braucht's die nicht, die vernehmlich sagen:
Ich fahr nicht mehr auf diesem Wagen?
Braucht's den nicht, der voll Übermut
einfach mal was andres tut,
damit die altgewohnte Welt
werd heiter auf den Kopf gestellt?

Drum, ihr Schwestern und ihr Brüder,
verehrte Pfarrgemeindeglieder,
wie wär's, wenn närrisch wir's probierten
und quer zum großen Trend marschierten,

wenn wen'gstens wir uns drauf verstehn,
mit'nander anders umzugehn,
dass hier in dieser unsrer Runde
den Letzten beißen nicht die Hunde
und dass man hört aus unsern Reihn:
Hier könnt man selbst der Letzte sein.
Ja, das hört sich närrisch an,
und das erbost den braven Mann,
der sagt: Ich hab mich krumm gemacht
und hab's deshalb zu was gebracht,
warum soll ich jetzt ständig geben,
warum solln andre von mir leben?
Mir hat man niemals was geschenkt,
auch wenn manch andrer heut so denkt.
Ich musste graben, pflanzen, gießen,
nun ernte ich und kann genießen.
Und so solln's tun nach altem Brauch
gefälligst alle andern auch.

Doch weil manch Quelle nicht mehr sprudelt
und vieles in der Wirtschaft trudelt,
da hält man dann in Gottes Namen,
was man so hat, auch fest zusammen.
Geben ohne Sicherheit
passt nicht mehr in unsre Zeit.

Das alles zeigt die Richtung an:
Nur wo sich's lohnt, da legt man an,
nur was sich rechnet, das macht Sinn,
und außen vor – ist gar nicht drin.
Aus leeren Kassen schallt die Kunde,
passt auf, den Letzten holn die Hunde,
drum stellt euch alle darauf ein,
ihr wollt doch nicht die Letzten sein.

Mein Gott, was kann man da erwarten:
Die Bibel hat, scheint's, schlechte Karten.
Und schweigend passt sich jeder an,
auch wer's nicht sagt, hält sich doch dran:
»Ich gebe dir, wenn du mir gibst,
ich lieb dich dann, wenn du mich liebst,
ich nütze dir, wenn du mir nützt,
ich stütze dich, wenn du mich stützt.
Ich zahl nur ein, wo's sich vermehrt,
und andres hat für mich kein'n Wert.«

So gibt es oft frühzeitig schon
als Rat der Vater seinem Sohn:
»Die Welt, die ist auf Macht gebaut,
weil jeder nur sich selbst vertraut.
Durchsetzen heißt heut die Devise,
sonst schreibst am Schluss du immer Miese.
Weil das so ist, leg dich nicht quer –
wenn man dich schlägt, setz dich zur Wehr.
Am besten schlägst du zweimal zu,
dann hast du für die Zukunft Ruh.«

Weil das so ist, braucht's Narrenzeichen,
den harten Boden aufzuweichen:
Zeichen, die sich mischen ein,
die sagen: Es könnt anders sein.
Menschen braucht's, die's auch riskieren,
nicht in Kolonne zu marschieren.
Solche, die sich setzen ein,
auch dort, wo's ihnen bringt nichts ein.
Solche, die es auch riskieren,
nicht jeden Schritt zu kalkulieren.
Leute braucht's, die's auch mal wagen,
nicht immer gleich zurückzuschlagen.

Natürlich, das sind meist nur Zeichen
und oft könn'n sie nicht viel erreichen.
Es bringt nicht viel, und es ist schwer,
wenn ich mich närrisch stelle quer:
Doch wird so nicht die alte Welt
heilvoll auf den Kopf gestellt?
Was sagt von unsrem Land die Kunde,
wenn manche hier gehn vor die Hunde,
und was gesteht der Ratschlag ein:
Hier darfst du nie der Letzte sein?

Ich komme nun – das ist ein Muss –
so langsam zu der Predigt Schluss.
Drum könnt ihr bei den nächsten Sätzen
euch langsam schon bequem hinsetzen.
Nun müssten wir es wohl probieren,
die neuen Wege aufzuspüren.
Und ging's auch dreimal vor den Baum,
wir müssten einfach drauf vertraun,
dass der zum Ziele wird gelangen,
der Mut hat, stets neu anzufangen.
Vielleicht sagt ihr: Du bist ein Narr!
Niemals kann das werden wahr!
Wir könn'n nicht auf den Himmel pochen,
weil wir doch nur mit Wasser kochen.

Dass ich ein Narr bin, geb ich zu,
deshalb geb' ich ja keine Ruh.
Ein Narr sagt: Überall auf Erden
könnt es wirklich anders werden.
Und närrisch ist es auch gewesen,
was wir von Jesus da gelesen.
Vielleicht fehlt uns ein wenig Narrensinn,
der meint, dass wirklich alles ist noch drin.

Vielleicht fehlt uns der Übermut,
der einfach nur das Gute tut,
der glaubt, dass wir es doch noch schaffen,
heller diese Welt zu machen.
Ganz närrisch möcht' zum Schluss ich wagen,
dies als Wunsch hier laut zu sagen:
Blieben wir in diesem Rahmen,
dann sagt ich ganz beruhigt: Amen.

Claus-Peter März, Erfurt

PREDIGT ÜBER MARKUS 8,31-38

Liebe Jemeinde!

De Frau det Hauses tut mir jrade n Stück Kuchen jeben,
da sacht der Mann: »Ick wer' wohl nich mehr lange leben.«
De Frau jleich: »Am Geburtstach! Mann, du solltest dir wat
    schämen.
Da sacht man sowat nich. Da müssen sich de Jäste och noch
    jrämen.»

Ick denk, nu lass 'n doch. Der fühlt sich eben so.
Wir vajessens einfach und sind trotzdem froh.
Wat soll er denn nur machen tun, mit so viel Jahre.
Mit det Leben is et eben wie mit seine Haare.

Die jehn ihm doch och schon alle aus – sojar de Grauen,
Mensch, dat die det nich hören können – unsre Frauen.
Der Kopp wird kahl, die Kniee weicher
un denn wird man irjendwann an Jahren och nich reicher.

Wenn det so is, denn kann man det doch och mal sajen.
Det heeßt doch nich, dat wir Männer immer klajen.
Det lässt sich doch nich ändern. Do is de Sache nun.
Und wenn wer schweijen, könn wer och nischt ändern tun.

Det hat sojar der liebe Jott schon so jemacht.
Na ja, der Jesus eben, och der hat sich verkracht
mit seine Jünger, als er davon reden wollte vor Jerusalem.
Da meent der Petrus jlatt: »Biste jetzt schon janz plemm plemm.

Mensch, Jesus, hab dir eben noch Bescheid jejeben.
Dat du der Christus bist und solche Sachen eben.
Jrade nu, wo et uns so gut gegangen is uff unsern Ritt,
da fängste damit an. Mensch, Jesus, wat soll denn dit.

Kannst eenen aber och'n schönsten Tach versauen.
Da könnt ick dir am liebsten eene runterhauen.
Det Jequatsche jetz von Kreuz und Leiden –
is Karneval de Zeit der Freuden.«

Un denkste nur, da is der Jesus richtig ausjeflippt.
Der hat den Petrus janz schön dolle vor'n Kopp jetippt.
»Den Vojel, lieber Petrus, den hast du, det kannste jloben.
Bei dir da stimmts doch nich da oben.

Ick wer doch nich ewig leben, so wie jetze jedenfalls,
ick saje euch, da oben in Jerusalem, da knallts.
Da jibt det doch ne Menge Leute in di jroße Stadt,
von denen nich nur eener 'n Rochen uff mich hat.

Die wollen mir schon lange anet Leder,
krijste det nich mit? Det weeß doch jeder.
Die lauern nur noch uff de richtije Jelejenheit,
denn walzen se mich breit.

Und denk jetz bloß nich, du kannst det verhindern
wozu denn och, det würde och nischt lindern.
Wenn de nur de janze Zeit ann frohen Leben klammerst,
denn kommt det janz bestimmt, dat du noch jammerst.

Ne, ne, so jeht det nich in Jottes Welt.
Wer sich immer nur an de juten Wünsche hält,
der kieckt sich nachher janz schön um.
Det kommt nämlich immer anners un' meistens dumm.

Machtet nur an alle eure Taje,
so wie ick et euch heut eenmal deutlich saje:
Verlier et heute ruhij, det Leben ohne Sorjen,
denn haste nämlich noch mehr Freude morjen.

Kannst sowieso keen Haar breit Leben selber machen –
och nich mit de janzen Pillen, Ärzten un sone Sachen,
et jibt wat besseret un det will ick euch heute zeijen.
Da müsst er schon mal eure hohen Häupter neijen.

Wenn ick so rede, da braucht er euch vor keene Leute schämen.
Wir können alle nischt nich von de Welt wat mit uns nehmen.
Ick aber, wenn ick jehe, denn komm ick wieder.
Denn isset so wie tausend Engellieder.

Ick weeß alleene, dass der Dot nich wie Geburtstagskuchen schmeckt.
Nach dem man sich de Finger alle zehne leckt.
Doch weeß ick och, mein Vater, also Jott, der will mein Leben,
selbst wenn ick sterbe, un du det nich verstehst, so is it eben.

Denn Jott, der hat 'n Reich, det is janz anders, als det kennst.
Wenn de mich jetzt 'n Christus nennst,
denn denkste an de Könige, an schicke Frauen un son Kram.
Mensch, Petrus, du kannst doch wat viel bessret ham.

Bei Jott, da kannste alles sajen, wie et is und wie det wirklich denkst,
jrade och wat nich schön is, wenn de mal janz unten hängst.
Denn ER un icke, Jesus, och, er liebt dich, wie de bist,
uffe Faschingsfeier un och im allerjrößten Mist.

Weil det so is, da kann ick in mein Leben nich nur feiern
un alle Taje lang nur Süßet seiern.
Ick kenn doch och die andern, die jehts beschissen.
So Leute, die schon morjens nich mehr weiterwissen.

De sitzen in ihr Leid, so fest wie in ne Falle.
Die lieb ick janz jenau so sehr wie euch hier alle.
Zu die bin ick och jekommen. Ja janz jenau für die.
und nur mit Quatschen helf ick die doch nie.

Erst wenn ick selbst janz unten bin – wie die,
denn bin ick ihnen nah, so nah war ihnen Jott noch nie.
Will er aber jetzt und allezeit.
Un ick, det saj ick dir, ick bin dazu bereit.

Damit et allen besser jeht, un alle Jott in ihrer Nähe haben,
die heute feiern und die nischt zu beißen haben.
Dazu bin ick in de Welt gekommen, bin ick hier.
det mach ick, det mach ick selbst und zeij et dir.

Alle werdn et sehen können, wart nur ab,
denn wenn ick sterbe, bleib ick nich int Grab.
Jott wird mir helfen, heute und sojar in meine schlimmsten Stunden.
Un' denn, denn is allet, wat uns dot macht' überwunden.

Denn könn wer richtig feiern, son echten Karneval.
Denn wird et besser werden überall.
Jott selber wird de janze Welt verkleiden – janz und jar.
De Narren werden Könige und der König wird'n Narr.«

So war det damals mit Jesus an den schönen Tach, den Blauen.
Det musst ick denken beim Stück Kuchen kauen.
Na ja, ick weeß ja selber: Die Ersten, die det jlobten, waren Frauen.
Un Männer können son Jeburtstag och versauen.

Det eene müssen wir wohl beede immer wieder lernen:
det wir uns von Jottes Welt, von unsern Jlück, doch nur entfernen,
wenn eener sowat sajt, wat uns so weh tut, un' wir uns wehren,
statt einfach eenmal hinzuhören.

Denn wird der andre los, wat ihn in den Moment so drückt,
denn is it ja och jleich vorbei und ganz bejlückt –
könn wer weiterfeiern an Jeburstag un sonst noch, wenn wer uns
    besuchen.
Denn schmeckt och noch det dritte Stück von lecker Kuchen.

Amen.

Thomas Jabs, Berlin

WIR SIND NARREN UM CHRISTI WILLEN

Wenn ich als Mensch und Engel rede,
den Himmel rauf und runter bete,
und täte dieses ohne Liebe,
da wäre nur Sand im Getriebe.
Da wär das Reden nur Gebrabbel,
nur leeres, hohles »Rumgebabbel«.
Ich täte wie die Toren schmarren,
wäre ein Narr nur unter Narren.

Der Narr kennt keinen Gott und Herren
er hat nur sich, sein Narr-Sein gern,
lebt ohn' Gebot und ohne Regel.
Setzt dem Narrenschiff die Segel
und treibt im Meer der Sünde.
Narr sein ist schwere Pfründe.
Das Schiff treibt durch die Pfühle,
im Sog der Sünden Schwüle
hinein ins Reich der Narren,
dort gibt's kein Fasten, Darren.
Narrhalla ist benannt das Reich,
einem Unsinnshimmel gleich.
Es ist manchem von uns nicht fremd,
weil er den Narrhalla-Marsch kennt.

(Kazoo o. Text – »Ritzamba, Ritzamba,
mosche geht die Fassnacht a ...«)

Narren sind los, so hör ich sagen,
in dieser Zeit, den tollen Tagen.
Seit Donnerstag die Weiberleut

gumpig, aufdringlich, ungereut.
Am Freitag war es grauslich, gruslig,
der Widerchrist kam uns gar rußig,
verbirgt sich hinter Rauch und Ruß,
versteckt darin den Pferdefuß,
den diese Sache sicher hat;
wie andres auch in Staat und Stadt.
Hat uns vielleicht gar angeschwärzt,
trieb es mit uns, ganz verscherzt.
Es streift im Ruß uns Höll' und Teufel
und hinterlässt ein Schwefelhäufel.

Der Höllenfürst vorbeigehinkt,
es gradezu zum Himmel stinkt.
Es rümpft der Himmel seine Nase
ob der teuflisch, höll'schen Gase.
Da ist gar nix mehr paradiesisch.
Die Engel lieben's aphrodisisch
und schließen rasch den Himmel zu.
Lob, Preis, Hosiann' und Hallelu'!

Der Teufel hält uns oft zum Narren,
will uns mit seinem Huf anscharren,
dient sich als Fürst der Welt uns an,
wie weiland er's beim Herrn getan.
Der macht's uns vor. Ohne Schreck,
fährt er ihn an: »Heb dich hinweg!«

Ich glaube, denke, ohne Schmarren,
die Liebe macht uns auch zum Narren.
Man turtelt und dreht Pirouetten,
erfindet immer neu Facetten,
die in andere Umstände sich verketten,
ergeht in Worten sich, in netten,

kann sich vor Herz-Schmerz gar nicht retten,
braucht für Lust und Leid Tabletten,
hat Flugzeuge im Bauch, die jetten
von einer zu 'nem andern Netten,
verweilt in Fremd- und eignen Betten,
schnulzt sich voll mit Wörterketten,
möchte in- und aneinanderkletten,
hat vor dem ersten Mal Manschetten.
Die Lieb' macht uns zu Marionetten.
Da hilft manches Mal nur noch – beten.

Dabei, wenn es wird recht bedacht,
hat Gott, der Herr, die Lieb gemacht.
Hat sich uns und sie uns angeschafft
durch sein allmächt'ge Schöpferkraft.
Hat uns als Mann und Frau kreiert,
er soll zeugen, sie gebiert.
Und sie soll nach seinem Willen
Kinder nähren und sie stillen.
Der Mann soll still daneben stehn,
so will bei ihm das »Stillen« gehn.

Sie sollen aneinander hangen,
ohne Angst und ohne Bangen,
doch bei aller Liebe Drängen,
soll sich niemand dran erhängen.
Eine und einen nur begehren
und sich ›fruchtbarlich‹ vermehren.
Da ist dem Herrgott was gelungen.
Preis, Dank sei ihm dafür gesungen.

Ach Gott, es wäre schön gewesen,
würden wir in deiner Bibel lesen,
um wie viel wir uns mehren sollen,

denn wie die Menschheit angeschwollen,
scheint es mehr furchtbar, denn fruchtbar.
Da freute uns ein Wort fürwahr,
du könntest Zahlen offenbaren,
wie's leichter ging, unser Bewahren.
Sollte man vielleicht mehr verhüten?
Dann müsste man nicht so viel brüten,
darüber, ob das Essen reicht
in ärmster Welt, die Not dann weicht.
Und was auch noch zu wünschen bliebe:
wär'n alle Kinder Kind' der Liebe
und nicht der Lust und Launen Folgen.
Es düstert sich, die Krähen kolken,
o, Herr, es gibt zu viel von uns
als Folge unsres Lieben-Tuns.

Warum von Lieb und Narren reden?
Es liegt am Predigttexte eben.
Paulus, der Völkerapostel
schreibt in einem frommen Gospel
in einen Brief an die Korinther:
Was ist die Liebe, was dahinter?
Noch waren alle Christen nicht
so, dass es an nichts gebricht.

Viel Heidnisches war noch geblieben,
kreuz und quer geschah das Lieben,
man feierte den Gott Amor
und labt sich im Eroten-Chor,
soff alle Lust und Laster aus,
dem Paulus war's ein echter Graus.

Man gehorchte eh'r den Sünden-Trieben,
und das Glauben, Hoffen, Lieben

im Sinne Jesu fiel sehr schwer.
Deswegen kam der Brief daher.
Der schwelgt von wunderschönen Dingen,
was Liebe ist, was soll sie bringen.
Glück, Freude, Seligkeit, nicht Frust.
Vieles an ihr ist unbewusst.
Logik – bei Liebe nicht gefragt.
Nur der gewinnt, der dabei wagt.

Heute müsst man anders schreiben,
was die Liebe tät umtreiben:
Sie chattet, SMSt, sülzt, schnulzt,
ertrinkt in leidenschaft'ger Wulst,
sie zeigt uns Bilder ohne Scham,
es scheint oft als der nackte Wahn,
weil Leib und Seele sind entblößt;
darinnen wähnt man sich erlöst
in brünstiger, zufriedner Lust.
Liebe erfährt da viel Verlust.

Langmütig, freundlich, so ist sie.
Und es heißt: Sie eifert nie.
In heut'ger Zeit tut langer Mut
mancher Liebe gar nicht gut.
Fs geht husch, husch und autsch, daneben,
und der Versuch es wieder z' kleben,
scheitert so, dass sich die beiden
trennen oder sogar scheiden.
Das »Ja«, das »Ewig« bis zum Tod
erweist sich Kreuzschockschwerenot
gänzlich als misslungen.
Zu viel Enttäuschungen.

Da liebt man einerseits sich tüchtig,
ist andererseits doch eifersüchtig.
Da streichelt man sich schön und tut
sich auf rechte Weise gut.
Wähnt sich im Himmel Nummer Sieben,
ja himmlisch ist es, sich zu lieben.
Man verzeiht, sieht nach, vergibt,
duldet, versteht, wenn man sich liebt.

Doch bleibt der Mensch nicht immer frisch,
jung, schön, faltenfrei, sympathisch.
Er welkt wie Gras, so schreibt's der Psalm.
Jugend verweht gleich einem Qualm.
Nichts ist es mehr mit Hüpfen
bei zwei künstlichen Hüften.
Es zwackt und zwickt, schmerzt hier und da,
lang ist es her das Jawort: Ja.

Liebe darf nicht ungebärdig sein,
sie liebt es wahrhaftig und rein,
sie treibt auch nicht Mutwillen,
man will sich glücklich drin erfüllen,
plustert sich nicht pfauschwänzig so,
Liebe ist keine große »Show«.
Sie protzt nicht und erbittert nicht,
bleibt eher zart, anmutig, schlicht.

Es sei geklagt, sie macht auch Kummer,
Macht unsre Seele krumm und krummer,
vertreibt den Schlaf, macht böse Träume,
Gefühle schlagen Purzelbäume.
Und Liebesleid macht uns zu Narren
und lässt uns schier gelähmt verharren.

Es schwindet Hoffnung, schwindet Glaube
weit und breit keine Turteltaube
und auch kein Turteltauber.
Dahin der Liebe Zauber.

Erlernt die Liebe euch als Kunst,
nicht nur als dumpfer Triebe Brunst.
Sie gilt den Kindern und den Alten,
Fremden, denen, die kaum auszuhalten.
Sie gilt dem Feind, dem fernen Nächsten
ebenso dem nahen Schwächsten.
Denen, die sich nur noch grämen,
Liebe gilt dem Tod, den Tränen,
denen, die in Not geraten,
denen, die verkauft, verraten,
den Kranken und den Eingesperrten,
den Gekrümmten und Verzerrten,

Mühseligen, Beladenen,
in Krieg hineingeratenen,
die fast schon am Verenden,
den Armen und Elenden,
und ich muss darauf beharren,
die Liebe, sie gilt auch dem Narren.

Ein solcher Narr, glaub ich, schlechthin,
war auch der heil'ge Valentin.
Er, so erzählt es die Legende,
half den Liebenden behände,
wenn Liebe zu erkalten drohte,
da war er quasi Liebesbote.
Rosen und Sträuße schenkte er
den Liebenden von ungefähr.

Die römsch'en Heiden endlich ließen
verbieten ihm, Ehen zu schließen,
in Gottes Namen und Vertrauen,
drin seinen reichen Segen schauen.

Er tat es dennoch ohne Wanken
und heilte wohl auch manche Kranken.
Der Kaiser, der vernahm's mit Grauen,
ließ Valentin den Kopf abhauen.
An ihn, der den großen Gott bekannte,
für Gottes-, Menschenliebe brannte
erinnert uns der heut'ge Tag.
Es mag ihn feiern wer es mag.

Nach meinem Freunde Martin Luther
wär dieser Heilige ein guter,
zu einem Vorbild uns ersonnen,
sein Gottvertrau'n wär'n uns auch Wonnen.
Aus dem heraus erwächst die Liebe.
Ach – dass sie immer in uns bliebe!
Wenn gläubig wir mit Jesus ziehen,
ist seine Gnade uns verliehen,
wird sich das Wort an uns erfüllen:
Wir sind Narren um Christi Willen.
Vielleicht von aller Welt verlacht,
als tumbe Toren ausgemacht,
werden nicht für voll genommen
im Glauben an sein Wiederkommen.
Im Lieben hin zu unserm Nächsten,
in der Hoffnung, dass auch dem Schwächsten
Gottes Ewigkeit geschenkt.
Ich glaub's, egal wer anders denkt.

Und wenn wir, liebe Gotteskinder,
wieder mal hören aus Korinther
den Text vom Hohen Lied der Liebe,
denken wir nicht an dunkle Triebe,
die unser Hirn und Herz vernebeln
und eigentlich die Liebe knebeln.
Dann denken wir an Gottes Willen:
die Nächstenliebe zu erfüllen.
Darin ist alles eingeschlossen,
was Gott in unser Herz gegossen.
Glauben an Gottes Wirklichkeit,
Hoffnung auf seine Ewigkeit,
Liebe als seine Wirksamkeit,
und von dieser Dreifaltigkeit
ist Liebe die »Großartigstkeit«.

Darauf, in Gottes Namen,
sprech gläubig ich ein: Amen.

Werner Schendel, Pforzen

BERGPREDIGT IN VERSEN

Nicht schon, wer Gottes Worte kennt,
sagt Jesus, hat ein Fundament,
erst wenn er *handelt* auch danach,
dann lebt er unterm sichern Dach.

Dann ruht auf Fels sein Haus des Lebens,
weil die Basis seines Strebens
Jesu Wort und Botschaft ist,
nachdem er auch sein Handeln misst.

Da wird uns schnell bewusst als Christen,
dass wir oft *anders* handeln müssten.
So sagt der Herr: »Ihr sollt nicht richten,
auf böses Reden auch verzichten.«

Doch heißt's nicht oft: ‚Das sieht dem ähnlich‘,
und: ‚Die da stellt sich wieder dämlich!‘
Auch wenn man nichts Genaues weiß,
zieht ein Gerücht schnell seinen Kreis.

Jesus sagt: ‚Verurteilt nicht!‘
und: ‚Willst du gehen zum Gericht,
versuch doch noch, den Streit zu schlichten,
das Ganze selbst noch einzurichten.‘

Doch wollen wir gern recht behalten,
nach unsern Interessen walten.
Der andere wird das Gleiche meinen,
da ist es besser, sich zu einen.

Selig, wer Gewalt vermeidet
und Frieden auf der Erd verbreitet,
doch möchten wir die Stärkern sein
und schlagen schnell mit Worten drein.

Stattdessen soll'n wir Frieden stiften,
die Atmosphäre nicht vergiften.
Auch wenn wir zu *verlieren* meinen,
Gottes Reich wird uns aufscheinen.

Auch wenn wir in der Kirch' vernahmen,
dass Glaub und Lieb gehör'n zusammen,
im Alltag sieht's oft anders aus:
Seh'n *froh* und wie *erlöst* wir aus?

Licht der Welt und Salz der Erden
sollen wir als Christen werden,
doch wir vergessen das zu leicht,
drum wird so wenig oft erreicht.

Vergib die Schuld, wie wir vergeben,
so beten wir es oft im Leben,
doch wenn's drauf ankommt, hört man schrein:
»Das werd ich dir nie mehr verzeihn!«

Wer *ja* sagt, soll es auch so meinen,
und nur, wenn's stimmt, etwas verneinen.
Oft nehmen wir's nicht so genau
und halten uns noch für recht schlau.

Sogar die Feinde sollen wir lieben!
Doch das ist schwer, man muss es üben.
Denn rächen, was uns angetan,
da fängt nur neues Unrecht an.

Macht euch nicht zu viele Sorgen,
ängstigt euch nicht vor dem Morgen,
sagt der Herr, doch gut und schön,
wir woll'n auf Nummer sicher geh'n.

Wir sorgen uns um manche Dinge,
als ob's um Tod und Leben ginge;
doch wer kann sich mit allem Sorgen
von Gott ein läng'res Leben borgen?

Es ist nicht leicht, grad so zu leben,
wie Jesus es uns vorgegeben,
doch wenn wir redlich uns bemüh'n,
führt Gott uns zu dem Himmel hin.

Christoph Kronast, Obing

PREDIGT ÜBER MATTHÄUS 7,21-27

Liebe Gemeinde, Schwestern, Brüder,
die fünfte Jahreszeit hat wieder
uns eingeholt, die Fastnacht ist
für Heiden und für fromme Christ
mit Spaß und viel Humor bestückt,
weil manche Uhr dann anders tickt.

Denn derzeit wohl ein jeder spürt,
dass Karneval das Zepter führt.
Deshalb werd ich es einmal wagen,
euch meine Predigt vorzutragen.
Doch nicht wie üblich soll es sein,
ihr hört sie heute mal im Reim.

Natürlich steht zuerst die Frage,
was ich dem Gottesvolke sage.
Denn mir ist freilich schon ganz klar:
Ich bin hier nur der Domvikar
und nicht der Bischof, wie ihr seht,
der häufig hier am Ambo steht.

'nen kleinen Vorteil habt ihr schon,
wenn ich hier steh', denn ich beton:
Ich selber habe mitgekriegt,
dass in der Kürze Würze liegt.
So braucht ihr euch nicht lang verrenken
in diesen harten Kirchenbänken.

Doch Schluss mit Worten drumherum!
Wir schaun auf's Evangelium,

auf das, was in der Bibel steht,
weil dies als Christen uns angeht.
So möchte ich jetzt einmal fragen:
Was hat Matthäus uns zu sagen?

Das Evangelium zeigt bestimmt,
wie Jesus deutlich Stellung nimmt:
Es reicht nicht, sich mit Jesu Namen
zu schmücken, sagen: »Ja und Amen«.
Nicht der das ew'ge Leben kriegt,
dem nur an leeren Worten liegt.
Wir alle hören doch tagtäglich
die Wörterflut, oft unerträglich.
Da wird geredet und versprochen
und manch Versprechen gleich gebrochen.
So kommen wir zu diesem Schluss:
Sehr viel Gerede heut ist Stuss.

Doch das, sagt Jesus, darf nicht sein,
denn Glaube heißt ja nicht allein,
so viel wie möglich Worte machen,
zu diskutieren solche Sachen.
Der echte Glaube sich erweist
im Handeln aus christlichem Geist.

Was wir zu glauben so vorgeben,
das müssen wir authentisch leben.
Allein mein Beispiel Richtschnur ist,
ob ich tatsächlich bin ein Christ,
also ein Nachfolger des Herrn.
Oder ist mir das noch sehr fern?

Betrachten wir mal Jesu Leben,
denn das kann Anregung uns geben

zu handeln, wie es Gott gefällt
und wie es Jesus hat erzählt.
Wie er zuerst es vorgelebt,
damit ein jeder danach strebt.

Für Jesus hat Priorität
die Liebe, die ganz oben steht.
Er ging zu allen Menschen hin
mit Offenheit und Liebessinn.
Den Sündern hat er oft vergeben
gab ihnen Chance, neu zu leben.

Wir merken schon: das ist nicht leicht,
von uns wird's meistens nicht erreicht,
Ich kann nicht jeden lieben hier,
denn mancher war nicht lieb zu mir.
Und ich bekomm's nicht auf die Reihe,
dass ich ihm jetzt sofort verzeihe.

Zuweilen rede ich mir ein:
Auch Strafe, die muss eben sein.
Und oft fehlt mir nach einem Streit
zuweilen auch Barmherzigkeit.
Ich grolle meinem Gegenüber
und meide künftig ihn dann lieber.

Hier würde Jesus klar mir sagen:
Das ist kein christliches Betragen!
Verlier dich nicht in Eitelkeit!
Vergib dem Andren jederzeit!
Denn Gott auch dir stets neu vergibt,
weil er uns Menschen so sehr liebt.

Das sollte Ansporn uns verleihen,
dem andern gerne zu verzeihen.
Nicht einmal, sondern immer wieder,
ein Leben lang Schwestern und Brüder.
Gelingt uns dies, kann jeder sehn:
Bei uns ist Gottes Geist am Weh'n.

Ja, wer auf Jesu Worte schaut
und danach handelt, dieser baut
sein Lebenshaus solid auf Stein.
Eine Gefahr wird hier nicht sein,
dass Hitze, Hagel, Sturm und Flut
dem ganzen Bauwerk schaden tut.

Doch Jesus auch die andern kennt,
die ohne festes Fundament
auf Sand ihr Lebenshaus errichten,
das heißt auf Zukunft sie verzichten.
Sie leben so, als gäb es nicht
Gott und das letzte Weltgericht.

Und dennoch: Er uns zugesteht,
wenn jemand eigne Wege geht.
Er hat in Freiheit uns erschaffen,
wir sind ja nicht dressierte Affen.
Das schließt auch die Entscheidung ein
für den, der ohne Gott will sein.

Ein Haus auf Stein? Ein Haus auf Sand?
Was heißt das für uns angewandt?
Noch einmal, um im Bild zu bleiben,
möcht ich versuchen zu beschreiben,
wie wir könn'n leben ganz konkret,
so wie es in der Bibel steht.

Wer egoistisch sich verhält,
dabei vergisst Gott und die Welt,
wer nur auf eignen Vorteil schielt
und nicht auf's Wohle aller zielt,
wer lebt, als sei er King der Welt,
der baut auf Sand, dies Haus nicht hält.

Auf Sand zu bau'n heißt ebenso
zu lästern über and're froh,
weil dies doch heute jeder macht
und seine Mitmenschen verlacht.
Soll ich 'ne Ausnahme da sein?
Drum stimm ich in das Lästern ein.

Wer lügt, betrügt, damit gelingt
Karriere, die mich vorwärts bringt,
wer fleißig Steuern hinterzieht,
was ja so selten nicht geschieht,
wer Eigentum von Andern klaut,
auf Sand sein Lebenshaus er baut.

Wer meint, Gesetze braucht er nicht
und jede Konvention durchbricht.
Wer im Verkehr sein Auto lenkt
und Vorfahrtsregeln nicht bedenkt.
Wer sich gibt wie 'ne Umweltsau
auf Sand ist dessen Häuserbau.

Wer so lebt, der irrt sicher sehr.
Es kommt der Tag, an dem der Herr
auf unser Leben schaut zurück.
Hält das dann stand auch seinem Blick?
Oder wird mir zu spät erst klar,
dass manches nicht in Ordnung war?

Noch ist die Zeit, danach zu fragen
und eine Korrektur zu wagen,
wenn diese dringend nötig ist.
Und deshalb: Nutzen wir die Frist,
zu ändern unser Leben prompt,
bevor der Weltenrichter kommt!

Es liegt mir fern, euch heut zu schelten.
Auch Furcht und Angst sollen nicht gelten.
Allein, die Botschaft Jesu will
uns klarmachen: Das Lebensziel
erreich ich, wenn nach Gottes Wille
ich täglich such und ihn erfülle.

Und es ist keine Gängelei,
denn jeder spürt: Ich bin auch frei:
befreit zur Liebe und zum Leben.
Ja, Gott will mir 'ne Zukunft geben.
Dafür sich müh'n, das ist es wert.
Und deshalb hab ich's euch erklärt.

Nun wolln wir aber auch mal schaun,
wie wir auf Stein im Leben baun:
zum Beispiel wenn zur Freundlichkeit
wir immer wieder sind bereit.
Wenn Rücksicht für uns wichtig ist,
keiner den anderen vergisst.

Auch hat ein festes Fundament,
wer die Gebote Gottes kennt,
wer danach strebt tagaus, tagein
ein Freund von Jesus stets zu sein,
wer in der Kirche sich einbringt,
damit Gemeinde auch gelingt.

Wer nicht nur Fehler and'rer sieht,
sondern sich immer wieder müht,
die Fehler, die im eignen Leben
genügend da sind, zu beheben,
wird merken, dass dies dazu führt,
dass uns're Kirche besser wird.

Wir merken, Jesus wollte nie
einbläuen eine Theorie.
Vielmehr ist Praxis angesagt.
Jeder gewinnt, wenn er's nur wagt.
In kleinen Schritten kann es geh'n.
Vielleicht ist's ja an uns zu sehn.

Die Faschingstage kommen jetzt,
da werden Masken aufgesetzt,
gesungen wird und auch gelacht,
getanzt und mancher Spaß gemacht.
Ein jeder will, ob groß, ob klein,
beim Karneval auch fröhlich sein.

So wünsch ich euch die nächsten Tage,
dass jeder Freude in sich trage.
Denn Freude ist, so glaubt es mir,
für jeden Christen höchste Zier.
Und wer sich wirklich freuen kann,
der ist im Leben besser dran.

Zum Schluss ein Hinweis, den ich mache,
und zwar in meiner eignen Sache:
Die Predigt stammt aus meiner Feder
und nachprüfen kann das ein jeder,
damit sich niemand hier beschwert,
habt ihr kein Plagiat gehört.

Natürlich muss ich eingesteh'n,
dass man ein jedes Wort kann seh'n
im Duden, wenn man da nachschlägt.
Die Anordnung hab ich geprägt,
denn ohne Sinn wär's eine Qual.
Das macht es aus, mein Original.

Noch vieles gäb es zu erzählen,
doch möcht' ich euch nicht länger quälen.
Und deshalb komm ich ganz behände
mit meiner Predigt nun zum Ende.
Ihr lieben Kinder, Herren, Damen,
gelobt sei Jesus Christus. Amen.

Markus Böhme, Zwickau

PREDIGT ÜBER MARKUS 2,1-12

Liebe Gemeinde, Schwestern, Brüder,
nach langer Zeit steh' ich mal wieder
hier vorn, so wie in früh'ren Zeiten
und werd' die Predigt nun bestreiten.
Weil bald steht Fastnacht auf dem Plan,
hört, was ich sag, in Reimform an.

Natürlich möchte ich hinweisen:
Ich werd' hier keine Possen reißen.
Mit Show hat Kirche nichts zu tun.
Vielmehr geht es um Gottes Ruhm.
Ich bin ein Priester und kein Clown,
und dieses ist ein heil'ger Raum.

Betrachten wir die Heil'ge Schrift
und fragen, wie sie uns betrifft.
Kann sie uns Lebenshilfe sein
für Jung und Alt, für Groß und Klein?
Drum wenden wir jetzt unsern Blick
auf's Evangelium zurück.

Da ward von einem Mann gesprochen,
der war gelähmt, konnt' seine Knochen
nicht mehr gebrauchen und nicht geh'n.
Er war erbärmlich anzusehn.
Tagaus, tagein, schön war das nicht
und Heilung, die war nicht in Sicht.

Doch eines Tages hörte er,
dass Jesus grad im Orte wär'

›Der heilt oft‹, dacht er bei sich,
›vielleicht gibt's Heilung auch für mich.
Doch wie stell ich's am besten an,
dass ich dahin gelangen kann?‹

Hier waren Helfer schnell bereit:
vier Männer fanden für ihn Zeit.
Der Lahme wurde angesackt,
auf eine Tragbahre gepackt.
Die Mannschaft setzte sich in Trab,
ging nach Kafarnaum hinab.

Zu Jesu Haus wollten sie geh'n,
er sollte nach dem Lahmen seh'n.
So weit, so gut, doch dieser Plan
war Theorie, kam nicht gut an:
Kein Durchkommen, der ganze Ort
war da, wollt' hören Jesu Wort.

Der Lahme hat enttäuscht gedacht:
›wurd' ich umsonst hierher gebracht?
War's das nun? Soll jetzt alles scheitern?
Natürlich nicht: Wozu gibt's Leitern?
Mit diesem technischen Gestell
gelangt auf's Dach man ziemlich schnell.

Die Männer gaben zu versteh'n:
Von oben wird es sicher geh'n.
Und sie begannen ohne Schrecken
sofort das Hausdach abzudecken.
Alsdann tun es die Freunde wagen,
die Decke einfach durchzuschlagen.

Als dies gescheh'n, hab'n sie indessen
des Raumes Tiefe ausgemessen,
um durch die Öffnung filigran
die Trage, die an Seilen dran
nun vorsichtig hinabgesenkt
direkt vor Jesus hingelenkt.

Ja, schließlich klappte dieser Plan
und Jesus sah den Lahmen an,
der plötzlich vor ihm eingeschwebt.
Und freudig er das Wort anhebt:
»Weil ich so großen Glauben find,
sind dir vergeben deine Sünd.«

Den Pharisäern passte nicht,
was Jesus zu dem Lahmen spricht.
Sie murrten, wollten sich beschwern:
Vergebung kann nur Gott gewährn.
Und jeder Mensch, der so was sagt,
der lästert Gott und wird verklagt.

Doch Jesus wusste, wie sie ticken,
die Pharisäer, die nur blicken
auf Äußeres, damit man sieht,
dass Frommes nur durch sie geschieht.
Sie schauen auf das Volk herab
mit Arroganz – dies nicht zu knapp.

Ja, Jesus spricht zu ihnen nun:
»Was wäre leichter, hier zu tun?
Sündenvergebung zuzusprechen
oder die Lähmung zu durchbrechen,
zu sagen »Komm und stehe auf!
Nach Hause mit der Bahre lauf‹!?«

Drum sollt ihr meine Vollmacht sehn,
damit ein jeder mag verstehn,
dass ich Sünden vergeben kann.«
Sogleich sprach er zum lahmen Mann:
»Steh auf und nimm die Bahre dein,
und lauf auf eignen Füßen heim!«

Der Mann, der eben noch hier lag,
steht auf, zu laufen er vermag.
Er nimmt die Bahre und geht los.
Die Beine arbeiten famos.
Die andern bleiben staunend steh'n:
So was hab'n sie noch nie geseh'n!

Das ist ja abenteuerlich!
Es heißt: Sie sind ganz außer sich.
Ein Lahmer, der nun wieder geht.
Die Krankheit scheint vom Wind verweht.
Dies Wunder hier hat Gott getan,
drum stimmt das Volk 'nen Lobpreis an.

Das Evangelium macht uns klar:
des Lahmen Glaube wichtig war.
Weil er auf Jesus Christus baut
und vorbehaltlos ihm vertraut,
erfährt er Gottes Liebe nun,
die jedem Gutes stets will tun.

Stell'n wir uns vor: Was wär' passiert,
der Lahme hätte resigniert?
Weil doch ganz offensichtlich schien:
die Menschenmassen hindern ihn.
Dann hätt' es Heilung nie gegeben,
er bliebe lahm sein restlich' Leben.

Natürlich ist es schön zu lesen,
was da vor langer Zeit gewesen.
Wie Jesus sich gekümmert hat
und deshalb manches Wunder tat.
Doch damit ist's nicht abgetan:
Das Ganze geht auch mich was an!

Denn ich muss immer neu mich fragen:
»Kann mich mein Glaube wirklich tragen?
Wird auch schweren, dunklen Zeiten
ein Gottvertrauen mich begleiten?
Fühl ich mich trotz manch' Angst und Sorgen
in Gottes Händen stets geborgen?

Oder ist viel zu schnell verklungen,
was wir zu Weihnachten gesungen:
dass Christ, der Retter stieg hernieder?
Inzwischen sind wir wieder bieder
und aufgeklärt, so schnell verweht
die Wahrheit, dass Gott mit uns geht.

Denn das ist doch des Festes Kern,
wenn wir begeh'n Geburt des Herrn.

Gott kommt zu uns, er wird ein Kind,
weil wir Menschen ihm wichtig sind.
Er will mein Heil und Retter sein,
lässt mich deshalb nie mehr allein.

Natürlich klingt das recht sympathisch,
doch Glauben geht nicht automatisch.
So mancher hat das mit den Jahren
im eignen Leben selbst erfahren.

Wenn Angst und Zweifel mich erfasst,
ist Glauben Kampf und schwere Last.

Drum sollte selbst man etwas tun,
für seinen Glauben, darf nicht ruhn!
So wie ein Samenkorn ganz klein,
kann, wenn man's pflegt, recht gut gedeih'n.
Wir sollten uns vor Augen halten:
auch Glaube wächst, muss sich entfalten.

Nun steht die Frage: Wie das geht?
Ich denke: Wichtig ist Gebet,
welches dem Blick die Weite zeigt
und nicht am Ego hängenbleibt,
sondern auf Gott hin mich verweist
und alle Kurzsicht niederreißt.

Beim Beten kann ich alles sagen:
Wie ich mich fühl'. Wo hab ich Fragen?
Was geht mir nach? Was steht jetzt an?
Und wovon bin ich angetan?
Ich darf Gott alles anvertrau'n
und fest auf seine Hilfe bau'n.

Auch wichtig ist, dass ich mal schweige,
damit er mir die Schritte zeige,
die ich als nächstes gehen soll.
Deshalb: Quatscht Gott nicht immer voll!
Sonst ist die Chance sehr schnell vertan,
dass er bei mir ankommen kann.

Und was ich noch bemerken mag:
Gebet, das geht den ganzen Tag:
beim Aufsteh'n, tagsüber, beim Essen,

vor'm Schlafengeh'n nicht zu vergessen,
wenn ich mich freue oder auch,
wenn ich mal Gottes Beistand brauch'.

Ja, manchmal ist es gar nicht leicht,
es scheint: da wird nicht viel erreicht
mit Beten, doch die Bibel sagt:
Bleibt dran und betet unverzagt!
Man muss, um mal im Bild zu bleiben,
aufs Dach dem Herrgott öfter steigen.

Das heißt: Geduld und starke Nerven,
die Flinte nicht ins Korn gleich werfen,
sondern beharrlich bitten Gott,
dass er uns hört in unsrer Not.
So wird auch deutlich durch's Gebet,
wie es um unsern Glauben steht.

Als nächstes wäre hier zu nennen
ein Buch; den Titel alle kennen.
Es ist die Bibel, die erzählt,
dass Gott mit seinem Volke geht.
Von Anbeginn und durch die Zeit
gibt er sein göttliches Geleit.

Doch sind wir ehrlich! Liest hier wer
im Buch der Bücher häufiger?
Oder verstaubt sie im Regal,
die Heil'ge Schrift? Das wär' fatal!
Weil sie zum Leben Hilfe gibt
und deutlich macht, dass Gott uns liebt.

Les' ich darin, merk' ich recht schnell:
sie ist auch heut' höchst aktuell.

Weil sie mir Orientierung ist
auf meinem Lebensweg als Christ.
Da gibt es Beispiele sehr viel,
wie ich erreich' das große Ziel.

Wie unser Herzschlag nötig ist,
das Atmen auch keiner vergisst,
wie Strom für sehr viele Geräte
man braucht, ansonsten sich nichts täte,
wie für Solarzell'n Sonnenschein,
so soll für uns die Bibel sein.

Tatsächlich birgt sie einen Schatz.
Drum sollte sie 'nen festen Platz
im Alltag haben, denn durch sie
bekomm' ich Rat und Energie.
So bitte ich, was dies betrifft:
Lest täglich in der Heil'gen Schrift!

Des Weit'ren weis ich darauf hin:
Gemeinschaft ist das Ziel und Sinn
von Kirche und vom Christen-Sein,
denn glauben kann man nicht allein.
Wir brauchen stets die andern auch!
Wer das nicht glaubt, steht auf'm Schlauch.

Denn immer wieder kann's gescheh'n,
dass wir uns auf der Stelle dreh'n,
im Glauben nicht mehr vorwärtskommen,
weil manches uns die Kraft genommen.
Dann tut es gut, wenn jemand sagt:
Wir schaffen das, sei unverzagt!

Im Evangelium war es auch
genauso, denn der Lahme brauch'
die andern Männer, die ihn tragen.
Wär er allein, wär's zu beklagen.
Als Resümee man sagen kann:
Gemeinschaft trägt, da ist was dran.

Damit lass ich es mal beruh'n,
will einen Blick nach vorn jetzt tun,
denn bald die Fastenzeit beginnt,
'nen Vorsatz mancher sich da nimmt.
Das find ich gut, denn so zeigt man:
mich selbst geht Fastenzeit was an.

»Kehrt um!«, so heißt wir immer wieder,
davon sprechen auch Kirchenlieder.
»Die Zeit ist reif! Das Reich ist nah!«
Die Botschaft klingt doch wunderbar.
Als solche sollen wir sie hör'n,
sie will gewohnte Kreise stör'n.

Wo wir nur stets im Alltagstrott
durch's Leben hetzen, da soll Gott
'ne größ're Rolle nun einnehmen,
das heißt, wir müssen uns bequemen
zu überdenken, wie das geht,
dass er wieder ganz oben steht.

Ich meine, eine Möglichkeit
heißt: ihm zu schenken etwas Zeit.
Denn davon – ich sag's unumwunden –
hat jeder vierundzwanzig Stunden
tagtäglich, doch ich frag und denk:
Wie nutzen wir dies Zeitgeschenk?

So manche Zeit tun wir vergeuden
mit oftmals schnell verflog'nen Freuden.
Ja, schon bei Kindern kann man seh'n,
ohne PC scheint nichts zu geh'n.
Oft Stunden sitzen sie beim Chat
oder beim Spiel'n im *world wide web*.

Natürlich ist die Technik gut,
wenn man bewusst sie brauchen tut.
Bedenklich wird es aber dann,
wenn man nicht selbst ausschalten kann,
fast süchtig sitzt am Monitor.
Bei vielen kommt das leider vor.

Beim Handy ist es ebenso,
gesimst, gezockt wird da recht froh.
Und viele kommen – welch ein Graus –
nicht eine Stunde ohne aus.
Da klingelt, summt es und vibriert
und sofort wird drauf reagiert.

Doch habt ihr wirklich mal bedacht,
was das mit vielen Menschen macht?
Der Daumen, der wird freilich schneller,
doch in den Köpfen wird's nicht heller,
denn manche and're Fähigkeit
verkümmert dadurch mit der Zeit.

Muss man erst die Erfahrung machen,
dass diese, für uns wicht'gen Sachen
im Angesicht von Krankheit, Tod
nicht sind ein Rettungsangebot.
Ganz ehrlich müssen wir zugeben:
Nur Gott kann schenken ew'ges Leben.

Wer dies bedenkt, kommt wohl zum Schluss,
dass einiges sich ändern muss,
mit uns'rer Einteilung der Zeit.
Der nächste Schritt ist dann nicht weit,
Ressourcen, welche freigelegt,
für Gott zu nutzen, denn das trägt.

Und noch was möchte ich hier nennen,
wir alle viele Mauern kennen,
die zwischen Menschen aufgerichtet.
Es wird viel Menschlichkeit vernichtet
durch Egoismus, Hass und Streit,
durch Besserwisserei und Neid.

Ja, so entfernt manch böses Wort
vom andern uns und auch von Gott.
Das kann ich ändern – ohne Frage –,
wenn ich 'nen neuen Anfang wage.
Obwohl's nicht immer leicht wird sein,
reißt dies vorhand'ne Mauern ein.

Wer sich von Gottes Geist lässt führ'n,
wird immer wieder deutlich spür'n,
dass vieles sich verändern kann.
Und deshalb: Fangt noch heute an,
sich seinem Wirken aufzutun!
Denn er treibt an, lässt uns nicht ruh'n.

Vertrauen wir den neuen Wegen,
dann wird die Fastenzeit zum Segen,
wenn jeder ehrlich sich bemüht,
dann nicht nur die Natur aufblüht
zu Ostern, sondern wir voran,
Es lohnt sich. Packen wir es an!

Am Ende bin ich angelangt
mit meiner Predigt. Seid bedankt,
dass ihr geduldig zugehört
und nicht durch Nachfragen gestört,
ihr lieben Kinder, Herren, Damen.
Gelobt sei Jesus Christus. Amen.

Markus Böhme, Zwickau

PREDIGT ÜBER MATTHÄUS 6,24-34

Ihr lieben Kinder, Schwestern, Brüder,
der Faschingsdienstag naht schon wieder.
Und deshalb – so ist's bei mir Brauch –
reim ich die Predigt heute auch.
Nur einmal jährlich kommt das vor,
drum spitze jeder jetzt sein Ohr.

Als Vorbemerkung teil ich mit:
Mitnichten ist dies eine Bütt,
nicht Späße biete ich euch dar,
sondern 'ne Predigt, ist doch klar.
Und die soll Denkanstoß uns sein,
drum hoff' ich: niemand pennt jetzt ein.

Zuerst wende ich meinen Blick
auf's Evangelium zurück,
das wir vernommen haben heute:
Da sagt Jesus: »Hört zu, ihr Leute,
zwei Herrn zu dienen geht nicht gut.
Deshalb sei jeder auf der Hut!«

Als Mammon wird hier klar benannt,
das, was bei uns als Geld bekannt,
desgleichen Reichtum und Besitz,
Karriere, Macht – das ist kein Witz.
Denn all das nimmt uns Tag für Tag
hundertprozentig in Beschlag.

Die ganze Kraft gibt man daran,
dass sich der Reichtum mehren kann.

Nur einzig die Rendite zählt,
danach wird das Depot gewählt.
Man jagt den Zinsen hinterher,
nach and'rem steht der Sinn nicht mehr.

Wer so lebt, ist ein armer Wicht,
denn irgendwann das Lebenslicht
verlöscht und man fragt nach dem Sinn,
das, was man hatte, ist dahin.
Wohl niemand wird es überraschen:
Das letzte Hemd hat keine Taschen.

Deshalb die Frage sich hier stellt:
Gibt's etwas das doch ewig hält,
was nicht vergeht mit meinem Tod
und etwas, das auch zählt bei Gott,
wenn ich dann einmal vor ihm steh
und ihn mit eignen Augen seh'?

Jesus macht klar: Das ist ein Schatz,
der ewig bleibt, wenn Gott den Platz
in deinem Herzen ganz ausfüllt.
Nur er die tiefste Sehnsucht stillt
nach Zukunft und Geborgenheit
und letztlich nach der Ewigkeit.

So lasst uns also Gott vertrau'n
und unser Leben auf ihn bau'n.
Wer das mit ganzem Herzen tut,
dem schenkt der Glaube Kraft und Mut.
Man selbst in schweren Zeiten spürt,
dass Gott uns hält und trägt und führt.

Wer wirklich glaubt, der ist bereit
für etwas mehr Gelassenheit,
denn klar sein sollte jedem auch:
es ist unmöglich, nur 'nen Hauch
das Leben zu verlängern hier
durch unsre Sorge. Glaubt es mir!

Ja, Jesus sagte: »Sorgt euch nicht
um so viel Dinge.« Er verspricht,
dass Gott längst weiß, wie's um uns steht.
Er sorgt für uns von früh bis spät,
weil er ein guter Vater ist
und seine Kinder nie vergisst.

Als Beispiel nennt er eine Blume,
die prächtig blüht zu Gottes Ruhme.
Sie steht da auf dem freien Feld,
ganz wunderbar, auch ohne Geld.
Selbst Salomo war nicht so schön,
wie eine Lilie anzuseh'n.

Und auch die Vögel sind benannt,
denn keinem von uns ist bekannt,
dass sie sich große Sorgen machen
um Nahrung, Geld und solche Sachen.
Gott kümmert sich, das ist doch klar.
Bisher war immer genug da.

Sind wir als Menschen, fragt der Herr,
nicht mehr wert? Also bitte sehr,
geh'n wir das mal relaxter an,
weil Sorge auch zermürben kann.
Vertrau'n auf Gott dagegen wird
mich leben lassen unbeirrt.

Zuerst soll'n nämlich wir erstreben,
dass hier und heut', in unserm Leben
schon Gottes Reich wird Gegenwart,
und das gelingt, wo man nicht spart
mit Liebe und zu jeder Zeit
der Suche nach Gerechtigkeit.

Wir merken: Glaube das ist nie
nur irgendeine Theorie,
die man mal lernt und irgendwann
auswendig wiedergeben kann.
Glaube 'ne Herzenssache ist,
gefordert ist der ganze Christ.

Das mag genügen, was die Schrift
und diesbezüglich uns betrifft.
Nun möchte ich noch andre Sachen
zum Gegenstand der Predigt machen.
Was mich beschäftigt und berührt,
sei an der Stelle angeführt.

Wir schauten alle sehr beklommen
als wir aus Dresden hab'n vernommen,
dass Sankt Franziskus nun verweist
und Pfarrer Mandler weiterreist.
Man dachte sich: »Was soll der Geiz?
Der Thomas Mandler geht nach Greiz!«

Und eh' ich konnte mich verseh'n
da war's beschlossen und gescheh'n,
dass mir als neues Arbeitsfeld
auch St. Franziskus noch zufällt.
Damit nicht aufkommt Langeweile
ich nun auch noch nach Planitz eile.

Weil einst Gehorsam ich gelobt,
so habe ich nicht groß getobt,
nahm die Herausforderung an
und machte mich an's Werk sodann,
zu schau'n, wie's künftig könnte sein
als Pfarrer von gleich zwei Pfarrein.

Dabei, so wurde mir schnell klar,
dass Sankt Franziskus rührig war
schon immer in vergang'ner Zeit
und ebenso die HeiFa-Leut'.
Auch wenn das alles ist kein Spaß
so glaub ich dran: Wir schaffen das!

Natürlich musste ich verschieben,
die Gottesdienstzeit, die wir lieben.
Zehn Uhr geht nicht mehr, aber dann
fängt neun Uhr halt die Messe an
in Sankt Franziskus, zehn Uhr dreißig
geht's weiter in der HeiFa fleißig.

Nur wenige hab'n sich beschwert,
gegen die neue Zeit gewehrt.
Um neun für sie zu zeitig ist
halb elf ist ebenso nur Mist,
weil da ja die Gefahr besteht,
dass auch das Mittag wird sehr spät.

Mal ehrlich! Mir ist nicht bekannt,
dass jemand nur sein Ende fand,
weil kürzer er geschlafen hat,
zu spät zum Mittag wurde satt.
Vielleicht braucht man die Meckerei
für's eigne Ego. Einerlei!

Die meisten, das find't ihr hier fein,
die lassen sich auf Neues ein,
sie denken mit und packen an.
Ja, wenn man sich verlassen kann
auf die Gemeinde ist das gut
und das macht jede Menge Mut.

Wir alle sind gefordert hier
zu überwinden die Manier,
die nur auf's eig'ne Kirchlein blickt
und gleich 'nen Tobsuchtanfall kriegt,
wenn mir's nicht passt, was da geschieht.
Da mach ich eben nicht mehr mit!

Uns sollte klar sein, wie bisher
geht wohl in Zukunft gar nichts mehr.
Sagt nie: »Das war hier immer so!«
Denn darüber bin ich nicht froh.
Und außerdem ist es nicht wahr!
Vor tausend Jahr'n war hier nichts da.

Auch ist der Satz »Das gab's noch nie!«
vor allem eins: Ideologie.
Wer so denkt, stets im Gestern bleibt
und von der Zukunft sich abschreibt.
Wer offen ist, für neue Sachen
der muss sich keine Sorgen machen.

Wagen wir lieber ganz galant,
den Blick über den Tellerrand,
denn das ist's, was die Zukunft bringt,
und nur gemeinsam uns gelingt,
Kirche zu sein in der Region,
und zu bezeugen Gottes Sohn.

Ein Beispiel funktioniert seit Jahr'n,
das ist schon bestens eingefahr'n.
Die Kinderstunde, die geht gut,
weil man sich da zusammen tut.
Für Kinder ist das kein Problem,
auch and're Orte mal zu sehn'n.

Und bei der ersten Kommunion,
dann kennen sich die Kinder schon
von früher, wenn wir manche Themen
auch uns gemeinsam dann vornehmen.
Die Kinder zeigen, dass es geht
wenn man bewusst zusammensteht.

Von ihnen können wir noch lernen,
ja, Kinder greifen nach den Sternen.
Weil viele Träume und Visionen
in ihrem Hinterstübchen wohnen.
Während die Ält'ren nur bequem
auf alte Zeiten zurückseh'n.

Es geht doch! Denn auch das wird klar
beim Faschingsfeiern jedes Jahr
in Nepomuk, wo alle drei
Pfarrei'n der Stadt sind mit dabei.
Gemeinsam strickt man am Programm.
Auch heuer kam das sehr gut an.

Ich lade deshalb alle ein:
Lasst uns doch Visionäre sein,
die mitbauen an Gottes Reich
mit Fantasie, dann wird zugleich
die Angst verbannt, die uns oft lähmt
und Freude häufig uns verbrämt.

'ne kleine Sorge bring ich an:
In Sankt Franziskus mancher Mann
hält nach der Messe Litanei,
das heißt, ein Liter Bier geht nei.
Derweil das holde Weib zu Haus
bemüht sich um den Sonntagsschmaus.

Wenn also nun die Messe endet
bereits um 10, man nicht verschwendet
die Zeit, sondern man füllt sie aus
sitzt hinten in dem hölzer'n Haus
und flößt sich nun zwei Liter nein
des güld'nen Hopfensaftes ein.

Ich hoffe nur, dass mir die Frau'n
nicht böse sind und mich verhau'n,
weil ihre Männer noch mehr Flaschen
bei der Zusammenkunft vernaschen,
die offiziell, so ist bekannt,
wird »Predigtauswertung« genannt.

In Planitz gibt's den CCF
das ist der Club für'n Faschingstreff.
Und der gestaltet Karneval.
Die Stimmung steigt in jedem Fall
wenn in der ,Goldnen Sonne' wird
das Faschingsprogramm aufgeführt.

Der Elferrat, der strengt sich an
und auch die Funken kommen dran.
Da wird 'ne Menge investiert
an Zeit und Aufwand, jeder spürt,
wie wichtig dies Ereignis ist,
für manchen St. Franziskus-Christ.

Schön wär's wenn die Begeisterung,
auch eurem Glauben gebe Schwung,
damit ihr stets authentisch lebt,
von Jesus Christus Zeugnis gebt.
Doch freilich, wenn ihr ehrlich seid,
ist dafür oftmals wenig Zeit.

Ein Beispiel machte mir das klar:
Vor Weihnachten in Planitz war
das Angebot der heil'gen Beicht.
Nicht einer hat die Kirch' erreicht.
Wie aber – frag ich – kann das sein?
Seid ihr schon alles Engelein?

Oder vielleicht fehlt nur der Mut
sich selbst zu reflektieren. Gut,
das kann man ändern, wenn man will.
Das Sakrament hat ja zum Ziel,
dass Gott mir zeigt: Trotz aller Sünd'
bist du doch mein geliebtes Kind.

Nehm ich das an, ist's mir egal?
Ein jeder von uns hat die Wahl.
Ich darf die Fehler, das Versagen
zum Herrn, der mich erlöst hat, tragen.
Die Beichte ist das Sakrament,
welches als Urteil ‚Freispruch' kennt.

In ein paar Tagen ist vorbei,
die ganze Faschingsfeierei.
Der Aschermittwoch weist darauf:
Bedenke Mensch, so ist der Lauf,
des Lebens, denn nichts bleibt zurück,
nur etwas Staub. Habt das im Blick!

Bekehrt euch, ändert euren Sinn!
Und wendet euch zu Gott neu hin!
Denn er gibt Lebensenergie,
schenkt Mut und Kraft und Fantasie.
Selbst da, wo jeder Halt zerbricht
sagt Gott mir: Ich verlass dich nicht.

Ist mir das wirklich auch bewusst,
bekomm' ich sofort neue Lust,
mit ihm zu gehen durch die Zeit.
Und dann, am Tor zur Ewigkeit
sagt er: »Willkommen. Ruh' dich aus.
Jetzt bist für immer du zu Haus.«

Mit dieser Aussicht kann ich's wagen
zu glauben und trotz mancher Fragen
das Ziel im Auge zu behalten
und dann mein Leben zu gestalten,
damit was ausstrahlt auf die Welt,
und so den Menschen auch auffällt.

Wenn das gelänge, wär' es gut.
Dies viel mehr überzeugen tut
als viele Worte, die gemacht
und oftmals hab'n nicht viel gebracht.
Authentisch und begeistert sein
dazu lädt Gott uns alle ein.

Nun habt ihr sehr lang' zugehört.
Zum Glück hat keiner sich empört,
weil meine Predigt länger war
als üblich. Doch einmal im Jahr
könnt ihr mir's sicherlich nachseh'n.
Dafür gilt euch mein »Dankeschön«.

Damit komm' ich zum Ende jetzt,
der Schlusspunkt wird sogleich gesetzt.
Mög' Gottes Segen euch begleiten
in guten und in schlechten Zeiten,
ihr lieben Kinder, Herren, Damen.
Gelobt sei Jesus Christus. Amen.

Markus Böhme, Zwickau

PREDIGT ÜBER LUKAS 5,1-11

Liebe Gemeinde, Schwestern, Brüder,
der Fasching naht auch dies' Jahr wieder.
Und diese Zeit uns Freude bringt,
weil jeder lacht und mancher singt.
Ich sage deshalb heute fein
die Predigt euch, und zwar im Reim.

Natürlich weise ich drauf hin,
dass ich hier nicht der Bischof bin,
welcher euch stets beschert Genuss
mit manchem geistigen Erguss.
Ich rede keck und frei als Christ,
wie mir der Mund gewachsen ist.

Doch eh ins Labern ich verfalle;
ihr meint: Der hat sie doch nicht alle.
So wend' ich lieber meinen Blick,
aufs Evangelium zurück,
das diesen Sonntag drangekommen
und wir soeben hab'n vernommen.

Die Szene spielt, das ist recht nett
am See, namens Genezaret.
Sehr viele Menschen sind vor Ort,
weil Jesus wieder predigt dort.
Sie wollen hören, was er spricht.
Dem Meister wird es viel zu dicht.

'ne Kanzel war hier nicht zu finden.
Wo also sollte er verkünden?

Ein Rednerpult es auch nicht gab,
er stieg ins Boot und legte ab.
Jetzt konnte er die Menschen lehren,
um deren Glauben zu vermehren.

Als er dann schließlich fertig war,
da machte er dem Petrus klar:
Fahr nochmal auf den See hinaus
und dort wirf deine Netze aus.
Kehr dann zurück mit deinem Fang.
Brich auf und zögere nicht lang!

Doch Petrus fragt sich, was das soll
und antwortet mit etwas Groll:
»Die ganze Nacht waren wir fischen
doch konnten wir kein' Fisch erwischen.
Darüber hab ich ganz schön Frust,
denn für's Geschäft ist's ein Verlust.

Und außerdem weiß ich gewiss:
am Tag fischen recht sinnlos is'.
Nur nächtens sind die Chancen gut,
dass man auch etwas fangen tut.
Wer fischt, wenn es schon ist taghell,
ist ziemlich unprofessionell.«

Doch weiter hörten wir die Handlung.
Bei Petrus gibt es eine Wandlung.
»Wenn du es sagst, woll'n wir das tun,
obwohl wir lieber würden ruh'n.
So woll'n wir deinem Wort vertrau'n,
nochmal das Netz ins Wasser hau'n.«

Sie taten, was Jesus befohlen
und mussten schließlich Hilfe holen.
Der Fang war riesig und ihr Boot
nun plötzlich noch zu kentern droht.
Die andren kamen schnell heran,
und auch ihr Boot war randvoll dann.

Als Petrus dieses Wunder sah,
da wurde ihm auf einmal klar:
Allein mit meiner eignen Kraft,
hab ich zustande nichts gebracht.
Hier wirkte eine göttlich Hand
und Jesus ist von Gott gesandt.

Er ging erstaunt zu Jesus hin,
und auch erschrocken war sein Sinn.
Vor ihm warf er sich in den Dreck
und sagte zu ihm: »Herr geh' weg!
Denn nun seh' ich es wirklich ein:
Ich bin ja nur ein Sünderlein.«

Doch Jesus sprach: »Fürchte dich nicht!
Jetzt kennst du Gottes weite Sicht,
der selbst am Tage kann vollbringen,
dass Fische in die Netze springen.
Drum hör' jetzt auf mit deinen Bangen:
Von nun an sollst du Menschen fangen.

Doch nicht mit Netz und Angelrute,
'ne Nachricht geb ich dir, 'ne gute.
Lad' alle ein, auf Gott zu bau'n
und mit ihm in die Zukunft schau'n.
Er will uns allen Vater sein,
steht zu uns, lässt uns nicht allein.«

Die Fischer waren angetan
von Jesu Wort und fingen an,
die Boote an das Land zu heben
und was sie hatten, aufzugeben.
So gingen sie mit Jesus mit
als seine Jünger Schritt für Schritt.

Wir alle haben schon erfahren,
vielleicht vor Tagen oder Jahren,
wie sich die Jünger erst gefühlt:
frustriert und ziemlich aufgewühlt.
Gerackert viel, doch nichts erreicht.
Da schnell jeder Elan entweicht.

Am liebsten würde man wegrennen,
das Zeug hinschmeißen und bekennen:
»Das macht doch alles keinen Sinn,
wenn ich immer erfolglos bin.«
Die Freude und der Mut verlischt,
wenn man nur noch im Trüben fischt.

Doch halt! Wir brauchen nicht verzagen,
vielmehr sollten wir's nochmal wagen
und Jesus trau'n, der garantiert,
dass uns're Mühe zu was führt.
Die Jünger haben's vorgemacht
und reichlich Fische mitgebracht.

Bei Jesus wird, ihr meine Lieben,
Vertrauen ganz schön groß geschrieben,
besonders dann, wenn ich glaub innig,
das, was ich tu, ist widersinnig.
Er mahnt mich: Gib so schnell nicht auf!
Ich helfe dir, verlass dich drauf!

Das ist es, was uns Jesus sagt:
»Nur der gewinnt, der etwas wagt!
Wer mir vertraut und fasst neu Mut
bei dem wird sicher alles gut.«
Und selbst diverse Niederlagen,
liegen dann nicht so schwer im Magen.

Das sollte uns 'ne Hilfe sein,
denn oft denken wir viel zu klein.
Trau'n immer nur der eignen Kraft,
sind stolz auf alles, was man schafft.
Doch Misserfolge gibt es auch.
Wie schnell steh'n wir da auf dem Schlauch.

Das muss nicht sein, mahnt uns die Schrift,
denn was uns Menschen auch betrifft,
kann, wenn wir es nur Gott hinhalten,
zu Wunderbarem sich entfalten.
Wer Gott an seiner Seite weiß,
dreht sich nicht dauernd nur im Kreis.

Im ganz normalen Alltag nun,
soll'n wir es gleich den Jüngern tun.
Wenn uns mal etwas nicht gelingt,
vielleicht auch zur Verzweiflung bringt.
Nicht gleich aufgeben und verzagen
sondern 'nen neuen Anfang wagen.

Da gibt es immer wieder Streit.
Na klar ist man dann auch bereit,
dem andern ein-, zweimal verzeihn,
beim zehnten Mal heißt es dann »Nein!
Das Maß ist voll, es geht nicht mehr!«
Hier zu vergeben fällt sehr schwer.

»Versuch's noch einmal, zög're nicht!«,
so Jesus zu uns allen spricht.
Denn ohne ständiges Vergeben
kann keine Menschenseele leben.
Auch Gott vergibt uns uns're Schuld.
Macht es wie er und zeigt Geduld!

Doch auch in andren Glaubensdingen
da will uns Jesus weiterbringen,
zum Beispiel wenn wir zu ihm beten,
um mit ihm in Kontakt zu treten.
Doch eine Leere macht sich breit,
statt Licht gibt's nur noch Dunkelheit.

Oder der Alltag tut ablenken,
vom Ins-Gebet-sich-zu-Versenken.
Stattdessen viel Gedanken schwirren
durch meinen Kopf und mich verwirren.
Der Sorgen und Probleme Last
mich auch beim Beten oft erfasst.

»Lass dich davon nicht gleich frustrieren!«,
rät Jesus, »tu's nochmal probieren!«
Und jenes, was im Kopf sich dreht,
verdränge nicht aus dem Gebet,
sondern halt' alles Jesus hin.
Dann hat dein Beten auch 'nen Sinn.

Die Fastenzeit ist nun bald dran
und vielleicht fangen wir neu an,
auf sein Wort wieder mehr zu hören.
Es will gewohnte Kreise stören,
uns Mut machen, mal nachzudenken
und neue Wegen einzulenken.

Durch uns muss letztlich deutlich werden,
was Jesus predigte auf Erden:
Nur wer ihm folgt, und ihm vertraut,
in Freud und Leid auf Christus baut,
hat Zukunft, ihm wird wirklich Leben
und Freude ewiglich gegeben.

Im Jahr des Glaubens wir grad stehen.
Das wär' ein Anlass, mal zu sehen,
was Glauben bei mir selbst ausmacht,
damit der nicht so schnell verflacht.
Denn viel Routine dazu führt,
dass manches oberflächlich wird.

Wir sollten sicher darauf schauen,
auf welches Fundament wir bauen,
das heißt wir könnten's auch vertragen,
den Katechismus aufzuschlagen
oder auch mal die Heil'ge Schrift,
weil, was dort steht, auch uns betrifft.

Und vieles, was so mit der Zeit,
in unsrem Leben sich macht breit,
an Fehlern Schuld und auch Versagen,
all das dürfen wir vor ihn tragen.
Die Beichte ist ein Sakrament,
welches als Urteil ›Freispruch‹ kennt.

Natürlich heißt das, reflektieren
und im Gewissen nachzuspüren,
alsdann muss ich es auch aussprechen,
wo die Gebote ich tat brechen,
wo ich selbst wichtiger mich machte
und meine Mitmenschen verlachte.

Ein Vorsatz, der ist auch ganz wichtig,
denn Besserung geht nur dann richtig,
wenn Schaden, der durch mich entstand,
wird gutgemacht durch meine Hand.
Wenn ich versuche, das zu meiden,
woran Gott und die Menschen leiden.

Entdecken wir die Gnade wieder,
die Gott an uns wirkt, Schwestern, Brüder,
denn wer sein Herz ihm öffnet weit,
der ist für seine Lieb' bereit.
Und diese Liebe ist die Kraft
die uns als neue Menschen schafft.

Ein Jahr fast war'n wir bischofslos
doch nun ist uns're Freude groß:
Ein köll'scher Jung', der kommt vom Rhein
wird bei uns Oberhirte sein.
Den Namen kennt ihr alle doch:
Der Neue der heißt Heiner Koch.

Empfangen wir ihn mit viel Freude
und off'nem Herzen, liebe Leute.
Denn nur gemeinsam kann's gelingen,
das Bistum auch voran zu bringen.
Ein jeder sollte an uns sehn,
dass wir zu uns'rem Bischof stehn.

Dann wird ganz deutlich, was es heißt:
so viele Gaben und ein Geist,
der stärkt und auch zusammenführt,
damit daraus die Kirche wird.
Wenn dies wir uns vor Augen halten,
wird sich die Zukunft gut entfalten.

Noch manches gäb' es hier zu sagen,
doch möcht' ich euch nicht länger plagen,
denn in den harten Kirchenbänken,
kann man das Kreuz sich schnell verrenken.
Bevor jetzt jemand kommt und klagt,
sei nur ein letzter Satz gesagt.

Damit will ich die Predigt enden:
Vertraut, wir sind in Gottes Händen!
Die Woche und an jedem Tag,
weil er uns Menschen wirklich mag.
Ihr lieben Kinder, Herren, Damen,
gelobt sei Jesus Christus. Amen.

Markus Böhme, Zwickau

PREDIGT ÜBER MARKUS 1,40-45

Liebe Gemeinde, Schwestern, Brüder,
heut' pred'ge ich in Reimform wieder,
so wie ich's mehrmals schon gemacht,
vor Fastnacht. Darum gebt schön acht!
Denn jedem ist dabei wohl klar:
Dies gibt's nur einmal hier im Jahr.

Das, was ich euch nun werd' erzählen,
ist nicht gedacht, bei euch zu stählen
die Lachmuskeln. Denn ich teil' mit:
Dies ist 'ne Predigt, keine Bütt.
Natürlich ist ein Lächeln schön,
bei jedem Menschen anzuseh'n.

Ich möchte vielmehr überlegen,
was uns als Christen sollte prägen,
was für uns gut und richtig ist,
damit man dies auch nicht vergisst,
damit wir leben aus dem Geist,
der froh uns macht, den Weg uns weist.

Deshalb red' ich gar nicht viel rum
und schau auf's Evangelium,
das wir gehört und das erzählt:
Ein Mann von Aussatz wird gequält.
Die schlimme Krankheit dazu führt,
dass so ein Mensch ist isoliert.

Denn wer sich will mit ihm abgeben,
gefährdet auch sein eignes Leben.

Sich anzustecken ist real,
wenn man Kontakt hat, allemal.
Man geht auf Abstand und o weh:
Mitmenschlichkeit ist da passé.

Der Mann mit Aussatz tritt heran
zu Jesus und er fällt sodann
auf seine Knie, macht sich ganz klein
und bittet: »Herr, mach du mich rein!
Hilf mir, schenk Heilung! Denn nur du
hast wirklich auch die Macht dazu.«

Und Jesus – heißt's im Text sodann –
hat Mitleid mit dem armen Mann,
streckt seine Hand aus, zögert nicht,
erhebt die Stimme und er spricht:
»Ich will es. Werde rein!« Sofort
erfüllt sich auch des Herren Wort.

Der Aussatz weicht, der Mann wird rein,
und Jesus schickt ihn schließlich heim.
Doch er gebietet: »Halt den Mund!
Tu nichts von diesem Wunder kund!
Zeig dich den Priestern, bring' dann dar
ein Opfer, wie's seit Mose war!«

Doch der Geheilte hält sich nicht
an Jesu Auftrag, sondern spricht
zu allen, wie so wunderbar,
die Heilung von dem Aussatz war.
Erzählt es hier, erzählt es dort,
bald war's bekannt an allem Ort.

Nun meidet Jesus jede Stadt,
weil er da keine Ruhe hat.
Geht deshalb in die Einsamkeit,
doch merkt er bald: Die ganze Zeit
kommen die Leute zu ihm hin.
Nach Wundern steht ihnen der Sinn.

Und deshalb ist wohl jedem klar,
warum es Jesu Wille war,
nichts zu erzähl'n, was da gescheh'n.
Er will, dass Menschen tiefer seh'n.
Weil Glaube nur an Wunder ist
kein tragendes Lebensgerüst.

Denn immer wieder deutlich wird,
dass tiefer Glaube dazu führt,
mit ganzem Herzen Gott zu trau'n
und nicht nur auf ein Wunder schau'n.
Entscheidungen sind da gefragt,
wenn man »Ich glaube« einmal sagt.

Wer diesen Glauben dann bekennt
mit ganzem Herzen und Gott nennt
den Herrn des eignen Lebens gar,
wird merken: Er wirkt wunderbar.
In seiner Nähe, die er gibt
spürt man: Ich bin von ihm geliebt.

Egal, was da bei mir auch war,
das Evangelium macht klar:
Kein Fall ist hoffnungslos, man sieht:
durch Jesus Heilung oft geschieht,
wenn ich's nur zulass'. Das macht froh.
Er handelt an uns immer so!

Doch auch aus einer and'ren Sicht
kommt eine Frage hier ans Licht:
Wie ist's mit unserem Verhalten
und wie wir manchmal so gestalten
Mitmenschlichkeit zu Zeitgenossen?
Sind offen wir? Oder verschlossen?

Auch da wird Ausgrenzung geübt
beim andern, weil uns nicht beliebt,
was er so denkt, wie er sich kleidet.
Deswegen man ihn tunlichst meidet.
Oder weil er ein Flüchtling ist,
ein Moslem, nicht – wie ich – ein Christ.

Wenn Unbehagen mir beschert,
was dieser glaubt, was jener lehrt,
die Einstellung oder Partei,
da bin ich oft auch schnell dabei
zu reagier'n mit Spott und Hohn,
dräng' so ins Abseits die Person.

Hier sollten wir auf Jesus seh'n,
denn klar wird dann: So darf's nicht geh'n
für uns als Christen, denn wir sind
zu seinen Nachfolgern bestimmt.
Aus diesem Grund sind wir gebeten
in seine Fußspuren zu treten.

Die Liebe ist das Fundament,
das Jesus für sein Handeln kennt,
und die soll uns auch selbst erfüllen.
Dann leben wir nach seinem Willen.
Wo Liebe fehlt, da fehlt auch Gott.
Für Christen hieße das: bankrott.

Deshalb ist jeder angefragt,
ob er, ob sie es einmal wagt,
mit Offenheit, Geduld, Versteh'n
auf Ausgegrenzte zuzugeh'n,
die Hand – wie Jesus – auszustrecken,
Mitmenschlichkeit neu zu entdecken.

Dem andern wird dann klar geschwind:
Ich bin ein gottgeliebtes Kind,
er ist mein Vater und will seh'n,
dass alle Menschen sich versteh'n
und üben Solidarität,
damit niemand im Abseits steht.

Je besser dieses uns gelingt,
es Glauben stark zum Strahlen bringt.
Und dann kann es sogar gescheh'n,
dass mancher sagt: »Ich werd' mal seh'n,
ob das vielleicht für mich auch ist
ein Weg, zu leben als ein Christ.

Natürlich lässt sich nicht bestreiten:
die Zukunft führt in and're Zeiten
und diese kann man nur besteh'n,
wenn wir als Gottesvolk uns seh'n.
Wie jeder sich da bringt mit ein,
so wird die Kirche schließlich sein.

Mir ist nicht bange, weil ich weiß,
mit Freude, Ausdauer und Fleiß,
sind viele mit dem Herz dabei
fühl'n sich zu Haus' in der Pfarrei.
Das zu erleben, tut sehr gut,
macht optimistisch und schenkt Mut.

Wenn wir auch künftig uns anstrengen,
befreit uns das von manchen Zwängen.
Wir werden offen und bereit,
zu geh'n in eine neue Zeit.
Was sie uns bringt? Ich bin gespannt.
Denn alles liegt in Gottes Hand.

Wenn Gott für uns das Zentrum ist,
»Was will er?« fragt sich jeder Christ
und danach handelt. Glaubt es mir
dann gibt es auch noch Christen hier
in fünfzig Jahr'n, in tausend gar.
Wir bauen heut' den Grund, ganz klar.

Jetzt will ich and'res noch benennen,
was mir tut auf der Seele brennen.
Schon mehrmals habe ich's gewagt
und diesbezüglich was gesagt.
Doch einige hab'n nach den Messen
dies offensichtlich schnell vergessen.

Sei's drum! Ich wiederhol mich gern:
Die Kirche ist das Haus des Herrn.
Ein jeder sollte sich bequemen
und dementsprechend auch benehmen.
Wenn wer sich unterhalten tut,
dann finde ich das gar nicht gut.

Soll ich es schreiben groß mit Tusche:
Haltet doch bitte eure Gusche,
wenn ihr die Kirche hier betretet
und respektiert, dass mancher betet.
Da vorne ist ein rotes Licht,
das mahnt euch: Bitte quatscht jetzt nicht!

Das gleiche nach der Messe gilt,
denn meist die Lautstärke anschwillt.
Habt ihr euch schnell was mitzuteilen,
dann solltet ihr nach draußen eilen.
Denn dort ist ja genügend Platz,
für diesen oder jenen Schwatz.

Sensibel sollten wir betrachten
dies' Thema, aufeinander achten,
damit die Interessenslagen
von Jung und Alt kommen zum Tragen.
Wenn wir das schaffen, denk' ich prompt,
dass jeder gern zur Kirche kommt.

Wir nähern uns der Fastenzeit,
denn Aschermittwoch ist nicht weit.
Die Wochen wollen wir gut nutzen,
für Ostern uns herauszuputzen,
denn dieses ist das schönste Fest,
weil's Zukunft uns erahnen lässt.
Ein jeder sollte sich besinnen:
Wie sieht es bei mir aus, hier drinnen?
Und welchen Platz räum' Gott ich ein?
Wird das bei mir der erste sein?
Wie zeigt sich bei mir ganz konkret
wie's um die Nächstenliebe steht?

Soll etwas zum Erfolge führen,
muss man dafür oft hart trainieren.
Im Sport, bei einem Instrument,
in Schule und Beruf man kennt
die oft zitierte Redensweis'
»Ganz ohne Fleiß gibt's keinen Preis.«

Und freilich gilt das auch als Christ.
Tagtäglich man gefordert ist.
Wir werd'n damit nie fertig sein
zu üben Glaubensdinge ein.
Damit man das auch wirklich schafft
bedarf es Fleiß, Geduld und Kraft.

Dazu wünsch ich uns Fantasie,
denn langweilig wird es dann nie.
Vertrauen wir auf Gottes Segen,
auf allen uns'ren Lebenswegen.
Gott ist der Herr von Raum und Zeit,
er führt uns in die Ewigkeit.

Nun soll's genügen, liebe Leute,
was ihr von mir vernommen heute.
Ja, auch die Predigt hat ein Ende
und dieses kommt nun ganz behände.
Lasst bleiben uns in Gottes Namen!
Gelobt sei Jesus Christus. Amen.

Markus Böhme, Zwickau

Gereimtes
aus der Bibel

Im Anfang schuf der Herr
Erd', Himmel und viel Meer.

Andreas Martin

DAS BUCH GENESIS

»Im Anfang schuf der Herr
Erd', Himmel und viel Meer.«
Die Genesis des Bibelbuchs,
der Ursprung, aus dem alles wuchs,
ist nicht der älteste der Teile;
am Text geraspelt manche Feile,
bis alles so geschrieben stand,
dass jeder sich drin wiederfand:
Volk Israel, das auserwählt,
sich auf und ab uns hier erzählt:
Geschichten aus der Väterzeit,
mal kurz und knapp, oft lang und breit.
In Bildern, Fabeln, Kriegsberichten,
in Hymnen, Epen und Gedichten
hat Priester, Schreiber und Prophet
gestückelt und dann neu vernäht,
was über viele Hundert Jahr
mit ihrem Gott die Story war.

DAS BUCH EXODUS

Ägypten war ein schönes Land,
wo immer man zu essen fand:
Im Topfe schwammen nicht nur Bohnen,
Gemüs und oben Augen fett und blind,
Pharao tat Arbeit lohnen
mit Batzen Fleisch vom Nilfluss-Rind.
Und trotzdem: Man war hier nur Sklave,
entrechtet, schutzlos jeder Knabe,
gekillt ohn' Gnad, verscharrt ohn' Ave,
zum Fraße für Schakal und Rabe.
Da blieb nur Flucht, nur Exodus,
durchs Rote Meer und das zu Fuß;
es streifte Israel, das wanke,
durch Wüsteneien 40 Jahr,
bekam Gebote streng und klar,
und sagte Gott doch selten: danke!

DAS BUCH LEVITIKUS

»Ich werde dir, du freches Stück,
gleich die Leviten lesen,
bringst solch ein Zeugnis mir zurück,
Erziehung, ach, umsonst gewesen!«
So seufzen ja noch heute
gar viele brave Leute,
die, würde man sie danach fragen,
partout nicht wüssten, drauf zu sagen,
woher der seltne Ausspruch stammt,
Leviten-Lesen, oh ver...
... deutscht stammt er vom Stamme Levi,
das war das priesterliche Haus,
ein Zweig von Adam und von Evi,
die dachten die Gesetze aus –
nicht wen'ge – und so schnell vergaß
das Volk, das in der Wüste saß.
Nun, man hatt' Zeit, die Sonne brannte,
wenn man nicht grade weiterrannte,
da wurde an den Schattenplätzen,
um die Lücken auszuwetzen,
von vorn bis hinten und retour,
Leviten gelesen dem Volke vur.

DAS BUCH NUMERI

Das Volk sich durch die Wüste quält,
da hält man an – 's wird durchgezählt,
ob denn am End' die Summerie
noch stimmt vom Stamme Numeri.
Denn so ein Wüstengang bringt Schwund:
Auszehrung, Tod und Schluchtenhund.
Das Manna, das verträgt nicht jeder,
es mangeln Pillen und Katheter.
Doch das gelobte Land, es naht:
»Ich hoff, für uns ist's nicht zu spat!«
So dacht' wohl manch ein Pilgersmann,
denn von den Truppen kamen dann
wohl doch nicht alle schließlich an.

DAS BUCH DEUTERONOMIUM

Wenn ein Volk mal sesshaft wird,
ihm flugs auch ein Gesetz gebührt,
dass es wisse, was es soll,
das ihm sage, was es wol-
len muss und durchaus sollte,
selbst wenn's am Schluss es gar nicht wollte.
Und wenn ein Gesetz nicht lang,
Deut'ro-Nomos es verdankt,
dass ihm nun werde alles klar,
was weiter doch nicht unklar war.
Das Zweitgesetz auch wiederkäut
die Zehn Gebote für die Sitte,
dass für den Fall, dass man sich stritte,
die Mahnung Gottes eingebläut!
Auch spricht das Buch vom letzten Stück,
vom Weg ins Land, vom Weg ins Glück.
Doch ach, der große, ach, ihr Leader,
gelangt nicht ins gelobte Land,
sich Moses legt zum Sterben nieder
und schreibt davon mit eigner Hand.

DAS BUCH JOSUA

»Josua – Gott rettet dich!
Zurück lässt er alleine mich!«
So hat wohl Mose einst geklagt,
doch dann von Herzen ja gesagt;
Josua den Stab gegeben
und ausgehaucht sein Wüstenleben.
Nun war der Josua der King,
an dem treu jede Lippe hing.
Er brachte Ordnung in den Laden,
– neue Besen kehren gut –
Mose hatt' schon schwache Waden
und zu Reformen keinen Mut.
Die Stämme, zwölfe an der Zahl,
die wurden – straff diszipliniert –,
Volk ohne Land, 's gab keine Wahl,
nun gegen Jericho geführt.

DAS BUCH HIOB

Es lebt' ein Mann im Lande Uz,
hieß Hiob und war guten Muts.
Vor Gott da war er ohne Tadel,
sein Herz war rein und voller Adel.
Dem Teufel, dem missfiel das sehr:
»Hier muss mal der Versucher her!
Und prüfen ihn auf Herz und Nieren,
ihn in die tiefste Not einführen.
Mal sehn, was dann noch übrig ist
– sitzt er erst mal im eignen Mist –
von seinem Gottvertraun und Glauben,
den werden wir ihm da schon rauben!«,
so dacht' der Böse und begann,
die Hiobsbotschaft, die kam an!
...
Doch stieg Herr Hiob mit Humor
wie Phönix aus der Asch' empor!

DAS BUCH DER PSALMEN

So kennt man ihn, so liebt man ihn,
den König David nennt man ihn.
Er sitzt mit Zimbel und mit Zither
auf seiner Dachterasse dort,
erreicht damit als Klangtransmitter
des Herrgotts Ohr und Herz sofort.
Doch David war kein unbeschrieben,
kein weißes, unschuldsvolles Blatt,
hat Männer in den Tod getrieben,
weil was mit deren Fraun er hatt'.
Allein ihn schlug auch ein Gewissen,
das schrie noch lauter, als er sang,
das hat ihn stets zurückgerissen,
und Davids Leben wurd' neu Klang!
Die Psalmen hat nach der Legenden
fast alle dieser Mann verfasst,
sie sagen, dass in Gottes Händen
der Reuige find Ruh und Rast.

DAS BUCH DER SPRICHWÖRTER

Ich weiß nicht, wie viel weise Sprüche
uns dieses Buch geliefert hat,
sie hängen an der Wand der Küche,
und manchmal hat man sie auch satt.
Doch solch ein weises Sprüchewort
gewählt und dann am rechten Ort
gezielt geworfen oder fallen lassen,
das macht, dass manche rot erblassen!
Nur lässt beständ'ges Sprücheklopfen
nicht immer Weisheit daraus tropfen.
Als Tropf erweist sich solch ein Mann,
der außer Reden nichts nicht kann.

DAS BUCH DER WEISHEIT

Als Weisheit Salomos bekannt,
wird es als jüngstes Buch benannt,
das uns vom Alten Testament
am wenigsten vom Alten trennt.
Nur Griechisch ist es abgefasst,
und Doktor Luther spricht: »So lasst
es nicht als volles Wort
der Bibel an demselben Ort,
wo all das echte in Hebräisch
als Gottes Wort anseh'isch.
Doch zu erbaulicher Lektür'
wird selt'ner es zur Pflicht als Kür!«

DAS BUCH JESAJA

Drei Teile fügen sich zusammen,
drei Eb'nen spiegeln sich,
»Ein Knecht in Gottes Namen:
Jesaja, Volk und Ich«,
spricht Gott in Prophetie
vom Leid des eignen Sohnes
ist wie ein Wurm, ist wie ein Vieh,
das Ziel all ihres Hohnes.
Es litt das Volk, es litt der Bote
und leiden wird Er bis zum Tode,
doch Er wird wieder auferstehn,
auch das tat bei Jesaja stehn,
nicht wörtlich, aber doch im Glauben,
den ließ das Volk sich auch nicht rauben.

DAS EVANGELIUM NACH MATTHÄUS

Man sagt, er hätt' am Zoll gesessen,
konnt' seinen Reichtum kaum bemessen.
Doch wirkte drin ein linder Wurm,
und sein Gewissen, das schlug Sturm.
Als Jesus in die Nähe kam,
Zachäus-Matthes, gar nicht lahm,
bestieg ob seiner Zwerggestalt
'nen Baum zum bessern Aufenthalt.
Er wird vom Herren aufgebracht,
zum Star-Apostel einst gemacht.
Drei Säulen halten straff das Zelt
der Schrift, vom »Zöllner« aufgestellt:
Immanuel – Gott mit uns ist
seit der Geburt des Herre Christ;
in jede Schwester, jeden Bruder
– und sei'n sie auch die größten Luder –
hat Jesus eingeprägt sein Bild.
Und Jesus bleibt, das soll'n wir glauben,
so stets bei uns, den ewig Tauben,
den'n er das Reich hat anvertraut:
Schenkt's weiter, eh's euch noch geklaut!

DAS EVANGELIUM NACH MARKUS

Venedig und sein Markusplatz,
dort sieht man Tauben, kaum 'nen Spatz.
Die reiche Kaufmannsbürgergilde
fuhr einst in östliche Gefilde,
um sich den Markus heimzuholen,
in Alexandria wurd er gestohlen!
Es ging nicht anders, leider.
Die Stadt war voller Muselmanen,
man hüllt' den Leib in fremde Kleider,
und auch der Zoll, der tat nicht ahnen:
Die kostbare Reliquie man
in einen Korb gelegt und dann
mit Schweinefleich schön abgedeckt,
das hat die Moslems abgeschreckt.
So kam der Markus nach Europen
zur Freude aller, auch der Popen.

DAS EVANGELIUM NACH LUKAS

Lukas war als Arzt bekannt,
auch konnt' er malen mit der Hand.
Er kam erst später zu den Christen,
doch sammelt' er in Zettelkisten
sorgfältig Infos zur Person
Marias und Mariens Sohn.
Wenn Lukas nicht gewesen wär,
wo käm das Weihnachtsfest dann her?
Obwohl vom Esel und vom Ochs,
die standen an der Krippenbox,
er gar nichts wirklich schrieb,
als Attribut der Ochs ihm blieb.
Er hat mit Lieb' und feiner Feder
gesprochen von Barmherzigkeit,
durch Gott erfährt sie bald ein jeder,
der zu bessern sich bereit.

DAS EVANGELIUM NACH JOHANNES

»Im Anfang war das Wort ...«
... und so weiter und so fort.
Der Geheime Rat von Goethe
hatt' damit schon seine Nöte,
wie's zu übersetzen wär.
Faust nimmt sich den Urtext her:
Wo bei Johannes »logos« staht,
Faust »Wort« ersetzet durch die »Tat«!
Ein Wort, mit Macht hervorgebracht,
tatsächlich Taten möglich macht.
Johannes schreibt gar viele Worte
von Jesus, die sonst keiner bringt,
die meisten sind von jener Sorte,
wo Einsicht nicht sogleich gelingt.
Doch hat man sich erst eingelesen,
erschließt sich tief und groß ihr Wesen:
Nur Hannes schreibt das Erstgebot,
das allen Menschen tut so not:
»Lieb jeder jeden und zurück,
so fließt die Quelle für das Glück,
tut's so, wie ich's euch vorgemacht,
dann wird es schon! 's wär doch gelacht!«

DIE APOSTELGESCHICHTE

»Was steht ihr da und glotzt zum Himmel?
Er ist nu weg ohn viel Gebimmel,
ihr müsst jetzt endlich selbst was leisten,
mit ihm zusammen warn die meisten.
Macht keine langen Flenngesichter!
Er kommt schon wieder, dann als Richter
für alle Welt und jeden einzeln,
deswegen los und fleißig heinzeln!«
So oder ähnlich sprach der Engel.
So oder ähnlich man verstand,
– hier ein Apostel, dort ein Bengel –:
Sie warn gesandt ins ganze Land!
Die Taten der Apostel waren
die ersten Schritte auf dem Weg
der Kirche, die sich mit den Jahren
herausgemacht, auf manchem Steg
verstiegen auch, dann wieder neu
war ihrem Herren herzlich treu.

DER BRIEF AN DIE RÖMER

Der Brief, als Luther ihn erhielt,
der hat ihn mächtig aufgewühlt.
Die Gnad allein, so steht es hier,
gereicht dem Mensch zur Eingangstür,
zu Himmel und zum Heil für immer,
drum sei nun Schluss mit dem Gewimmer:
»Was mach ich nur, wie krieg ich's hin,
dass ich ein Guter immer bin.«
Sola gratia, sola fides,
sola scriptura – Schluss des Liedes.
Darob hat man sich arg zerstritten.
Jahrhunderte daran gelitten,
ob Katholik, ob Protestant,
die haben sich's jetzt überlegt:
Dem Paulus hat's das Herz bewegt,
dass Liebe sei im ganzen Land!

DER BRIEF AN DIE PHILIPPER

Den Philipp mocht der Paulus sehr,
drum schreibt er ihm: »Mein lieber Herr! ...
Ach, Unsinn, wir warn ja per du,
hör, Philipp, höre mir jetzt zu!
Ich sitz' in Rom im kalten Knast,
doch gibt's Gelegenheit zur Rast.
Mir wird in diesem Leidensbunker
beileibe – denn ich bin kein Unker! –
so unverwechselbar nun klar,
wer Jesus für uns wirklich war,
was er gelitten, er getragen,
das schlägt sich mir glatt auf den Magen.
Doch wisse, lieber Bruder Fips,
hier geht's ums Herz, nicht um den Grips.
Ich will wie unser guter Meister
mein Leben geben! – Paulus heißt' er.«

DIE OFFENBARUNG DES JOHANNES

Steigen die vier Reiter ab –
oh! – kalyptisch! Wie ein Grab
tut sich auf ein dunkler Schlund,
habt drum acht, die letzte Stund
ist vielleicht nicht mehr so weit,
jeder mache sich bereit,
blicke auf zur Frau, der holden,
wo die Sterne glänzen golden
um das sonnbekränzte Haar.
Der Mond zu Füßen liegt sogar!
Sie wird zu dem Sohn hinführen
alle, die vor Schloss und Türen
stehn vorm Neujerusalem,
an jeder Eck' ein Diadem
– das ist unsre Endbestimmung –
darauf Korn und Ziel und Kimmung!

QUELLENVERZEICHNIS

Büttenpredigten:

Guido Wachtel, Wovon das Herz überfließt, davon spricht der Mund © Alle Rechte beim Autor

Antje Klein, Der Weg der Liebe – ein Weg der Narren © Alle Rechte bei der Autorin

Roland Breitenbach, Wer nicht glaubt, der glaubt sehr viel / Es ist nicht leicht, ein Christ zu sein, aus: Roland Breitenbach, »Ein Narr sagt: Ich bin so frei – Zwei Jahrzehnte Büttenpredigten«, Reimund Maier Verlag, Schweinfurt, 2010

Winfried Abel, Jeder Mensch braucht Gott zum Vater © Alle Rechte beim Autor

Claus-Peter März, ... und brummt nicht immer vor euch hin: »Das alles hat doch keinen Sinn.« / Begreift, dass manches besser geht, wenn sich die Erde anders dreht / ... und überall geht um die Kunde, den Letzten beißen doch die Hunde © Alle Rechte beim Autor

Thomas Jabs, Predigt über Markus 8,31-38 © Alle Rechte beim Autor

Werner Schendel, Wir sind Narren um Christi Willen © Alle Rechte beim Autor

Christoph Kronast, Bergpredigt in Versen © Alle Rechte beim Autor